MATEMÁTICA
MARCHA CRIANÇA
4º ANO

Maria Teresa Marsico

Professora graduada em Letras pela Universidade Federal do Rio de Janeiro (UFRJ) e em Pedagogia pela Sociedade Unificada de Ensino Superior Augusto Motta. Atuou por mais de trinta anos como professora de Educação Infantil e Ensino Fundamental das redes municipal e particular no município do Rio de Janeiro.

Maria Elisabete Martins Antunes

Professora graduada em Letras pela Universidade Federal do Rio de Janeiro (UFRJ). Atuou durante trinta anos como professora titular em turmas do 1º ao 5º ano na rede municipal de ensino do Rio de Janeiro.

Armando Coelho de Carvalho Neto

Atua desde 1981 com alunos e professores das redes oficial e particular de ensino do Rio de Janeiro. Desenvolve pesquisas e estudos sobre metodologias e teorias modernas de aprendizado. Autor de obras didáticas para Ensino Fundamental e Educação Infantil desde 1993.

Agora você também consegue acessar o *site* exclusivo da **Coleção Marcha Criança** por meio deste QR code.

Basta fazer o *download* de um leitor QR code e posicionar a câmera de seu celular ou *tablet* como se fosse fotografar a imagem acima.

editora scipione

editora scipione

Diretoria de conteúdo e inovação pedagógica
Mário Ghio Júnior

Diretoria editorial
Lidiane Vivaldini Olo

Gerência editorial
Luiz Tonolli

Editoria de Anos Iniciais
Tatiany Telles Renó

Edição
Angela Adriana de Souza

Arte
Ricardo Braga (superv.),
Andréa Dellamagna (coord. de criação),
Gláucia Correa Koller (progr. visual de capa e miolo),
Cláudio Faustino (editor de arte) e
Casa de Tipos (diagram.)

Revisão
Hélia de Jesus Gonsaga (ger.)
Rosângela Muricy (coord.)
Ana Curci (prep.), Claudia Virgilio,
Gabriela Macedo de Andrade
Vanessa de Paula Santos e
Brenda Morais (estag.)

Iconografia
Sílvio Kligin (superv.),
Claudia Bertolazzi (pesquisa),
Cesar Wolf e Fernanda Crevin (tratamento de imagem)

Ilustrações
ArtefatoZ (capa) Ilustra Cartoon, MW Editora Ilustrações Ltda.
Sérgio Cântara e Avalone (miolo)

Direitos desta edição cedidos à Editora Scipione S.A.
Av. das Nações Unidas, 7221, 3º andar, Setor D
Pinheiros – São Paulo – SP – CEP 05425-902
Tel.: 4003-3061
www.scipione.com.br / atendimento@scipione.com.br

Os textos sem referência são de autoria de Teresa Marsico e Armando Coelho.

Dados Internacionais de Catalogação na Publicação (CIP)
(Câmara Brasileira do Livro, SP, Brasil)

Marsico, Maria Teresa
  Marcha criança : matemática, 4º ano: ensino fundamental / Maria Teresa Marsico, Maria Elisabete Martins Antunes, Armando Coelho de Carvalho Neto. – 12. ed. – São Paulo: Scipione, 2015. – (Coleção marcha criança)
  Bibliografia.
  1. Matemática (Ensino fundamental) I. Antunes, Maria Elisabete Martins. II. Carvalho Neto, Armando Coelho de. III. Título. IV. Série.

15-02844   CDD–372.7

Índice para catálogo sistemático:
1. Matemática : Ensino fundamental 372.7

2018
ISBN 978 85262 9590 2 (AL)
ISBN 978 85262 9589 6 (PR)
Cód. da obra CL 738984
CAE 541 841 (AL) / 541 842 (PR)
12ª edição
6ª impressão

Impressão e acabamento
Corprint

Apresentação

Querido aluno, querida aluna,

Preparamos este livro com muito carinho especialmente para você. Ele está repleto de situações e atividades motivadoras, que certamente despertarão seu interesse e lhe proporcionarão muitas descobertas. Esperamos que com ele você encontre satisfação no constante desafio de aprender!

Ao final de cada Unidade apresentamos a seção **Ideias em ação**. Nela, você e seus colegas colocarão em prática alguns dos conhecimentos adquiridos no decorrer de seus estudos.

Além disso, como novidade, temos a seção **O tema é...**, trazendo para você temas para discutir, opinar e conhecer mais. De modo envolvente, essa seção preparará você e seus colegas para compreender melhor o mundo em que vivemos.

Crie, opine, participe, aprenda e colabore para fazer um mundo melhor. E lembre-se sempre de compartilhar seus conhecimentos com todos a sua volta.

Bons estudos e um forte abraço,

Maria Teresa, Maria Elisabete e Armando

Conheça seu livro

Veja a seguir como o seu livro está organizado.

Unidade

Seu livro está organizado em quatro Unidades. As aberturas são em páginas duplas. Em **Vamos conversar?** você e seus colegas discutem algumas questões e conversam sobre a imagem de abertura. Em **O que vou estudar?** você encontra um resumo do que vai aprender em cada Unidade.

Atividades

Momento de aplicar o conhecimento na prática por meio de atividades diversificadas.

Ler, refletir e resolver

Uma série de problemas que exploram o conteúdo estudado e a Matemática do dia a dia.

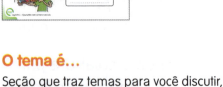

Ideias em ação

Esta seção encerra a Unidade. Nela, você faz uma atividade prática e pode usar o **Caderno de ideias em ação**.

O tema é...

Seção que traz temas para você discutir, opinar e aprender mais!

Glossário

Apresentação dos principais conteúdos de maneira resumida e organizados em ordem alfabética.

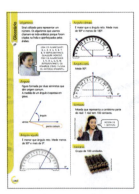

Sugestões para o aluno

Os livros sugeridos vão ajudá-lo a entender como a Matemática pode sair da sala de aula e se relacionar com temas do cotidiano.

Materiais de apoio

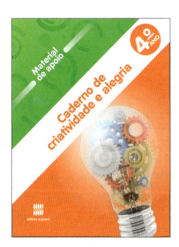

Caderno de criatividade e alegria
Conjunto de atividades para você brincar e aprender mais.

Caderno de jogos
Material que explora o conteúdo matemático por meio de atividades lúdicas: **Jogo das operações** e **Comparando decimais.**

Caderno de ideias em ação
Conjunto de materiais manipuláveis, especialmente elaborados para você usar na seção **Ideias em ação**.

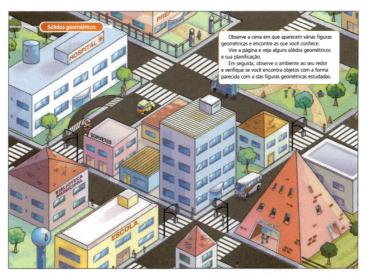

Página 🌐
No final do livro você encontra uma página especial, que destaca alguns dos assuntos explorados no livro.

Quando você encontrar estes ícones, fique atento!

 atividade oral   atividade no caderno   atividade em grupo

 Este ícone indica objetos educacionais digitais (OEDs) relacionados aos conteúdos do livro. Acesse: <www.marchacrianca.com.br>.

Sumário

UNIDADE 1 — Números e suas operações 8

Capítulo 1: Números naturais 10
Conheça um pouco da história dos números 11
Comparação de números naturais 18
Ordenação de números naturais: sucessor e antecessor de um número 22

Capítulo 2: Sistema de numeração decimal 24
Noção de ordens 26
Noção de classes 32
Números pares e números ímpares 42
Numeração ordinal 44
Numero cardinal 44
O tema é... Trabalho 48

Capítulo 3: OED Sistema monetário brasileiro 50
Unidade monetária: o real 50
Cédulas 51
Moedas 51
Compra e venda 54

Capítulo 4: Operações com números naturais 56
Adição 56
Subtração 66
Expressões numéricas: adição e subtração 75
Ideias em ação 78

UNIDADE 2 — Operações com números naturais 80

Capítulo 5: OED Operações com números naturais 82
Multiplicação 82
Multiplicação por 10, 100 e 1 000 91
Múltiplos de um número natural 98
Expressões numéricas: adição, subtração e multiplicação 100
Divisão 102
Divisão por 10, 100 e 1 000 109
Divisores de um número natural 121
Números primos 127
Expressões numéricas: as quatro operações 129
Expressões numéricas: uso dos parênteses 131
O tema é... Produção e consumo sustentáveis 134

Capítulo 6: Sentenças matemáticas 136
Expressão com valor desconhecido 136
Ideias em ação 140

UNIDADE 3 — Geometria, números fracionários e medidas de tempo 142

UNIDADE 4 — Números decimais e sistemas de medida 212

Capítulo 7: OED Geometria 144
Sólidos geométricos 144
Faces, vértices e arestas 146
Ideia de ângulo 146
Medida de ângulo 148
Tipos de ângulo 149
Retas paralelas e retas perpendiculares 152
Vistas de objetos 154
Noção de polígono 159
Triângulos 161
Quadriláteros 162
Simetria 166

Capítulo 8: Números fracionários 169
Ideia de fração 169
Representação fracionária 169
Fração de uma quantidade 174
Tipos de fração 179
Números mistos 184
Comparações de frações 188
Frações equivalentes 191
Operações com frações 196
O tema é... Vamos tomar vacina? 202

Capítulo 9: Medidas de tempo 204
Unidade fundamental: o segundo 204
Outras medidas de tempo 206
Ideias em ação 210

Capítulo 10: Números decimais 214
Noção de décimo 214
Noção de centésimo 219
Noção de milésimo 223
Operações com números decimais 232
Multiplicação de um número decimal por 10, 100 e 1 000 245
Divisão de um número decimal por 10, 100 e 1 000 246
O tema é... Por um mundo melhor 250

Capítulo 11: Medidas de comprimento 252
Unidade fundamental: o metro 252
Múltiplos e submúltiplos do metro 253
Mudanças de unidade 256
Ideia de perímetro 260
Ideia de área 263

Capítulo 12: Medidas de massa 264
Unidade fundamental: o grama 264
Múltiplos e submúltiplos do grama 265
Tonelada: uma medida especial 265

Capítulo 13: OED Medidas de capacidade 272
Unidade fundamental: o litro 272
Múltiplos e submúltiplos do litro 272

Ideias em ação 278
Glossário 280
Sugestões para o aluno 286
Bibliografia 288

Ilustrações: Ilustra Cartoon/Arquivo da editora

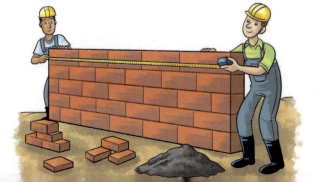

UNIDADE 1

Números e suas operações

Vamos conversar?

- Você já pensou nos diferentes usos dos números?
- Como esta cena poderia ser representada se não existissem os números?
- Para que servem os números nestes casos?
- Fale sobre outros números que apareceram no seu dia hoje.

O que vou estudar?

- Números naturais
- Sistema de numeração decimal
- Sistema monetário brasileiro
- Operações com números naturais (adição e subtração)

LANCHES
X-SALADA _____ R$ 3,50
X-BACON _____ R$ 4,00
HAMBÚRGUER DE SOJA _____ R$ 4,00
X-TUDO _____ R$ 6,00
BEBIDAS
SUCO _____ R$ 2,00
ÁGUA DE COCO _____ R$ 1,50
REFRIGERANTE _____ R$ 2,00
DOCES
BOLO _____ R$ 1,50
PAÇOCA _____ R$ 1,00
KITS
KIT SALADA (X-SALADA + SUCO + BOLO) __ R$ 5,50
KIT BACON (X-BACON + SUCO + PAÇOCA) __ R$ 6,00

Ilustra Cartoon/Arquivo da editora

Capítulo 1 — Números naturais

Mesmo que no dia a dia não pensemos na Matemática, os números estão presentes em nossas atividades.

Conheça um pouco da história dos números

Você já aprendeu que a ideia de número surgiu há muito tempo, quando as pessoas sentiram necessidade de contar e comparar quantidades.

Vários povos inventaram os próprios sistemas de contagem, com símbolos e regras para representar os números. Veja:

Os egípcios

Os egípcios inventaram símbolos que eram repetidos até nove vezes para escrever os números.

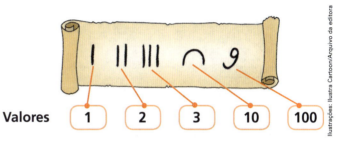

Os maias

Os maias criaram uma escrita numérica na qual usavam bolinhas e traços.

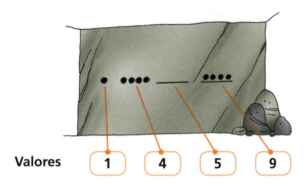

Os romanos

Os romanos escreviam todos os números usando apenas sete símbolos, representados por letras maiúsculas do alfabeto latino.

Veja os símbolos usados pelos antigos romanos:

Templo de Saturno e Templo de Vespasiano. Roma, Itália.

Ainda hoje usamos a numeração romana:

- Na indicação da ordem de reis e imperadores.

Imperador Dom Pedro II, que governou o Brasil de 1840 a 1889.

Rainha Elizabeth II, do Reino Unido, em 2015.

- Em alguns relógios.

- Na numeração de livros.

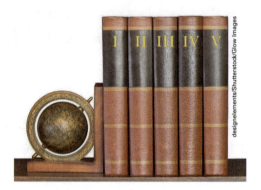

- Na indicação de eventos.

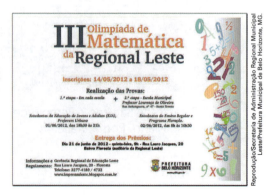

- Na indicação de séculos.

  Exemplo: "Os desafios para o ensino de Matemática no século XXI".

- Os símbolos romanos I, X, C e M só podem ser repetidos até três vezes em cada número.

I = 1	X = 10	C = 100	M = 1 000
II = 2	XX = 20	CC = 200	MM = 2 000
III = 3	XXX = 30	CCC = 300	MMM = 3 000

- Os símbolos V, L e D não podem ser repetidos.

- Ao escrever I, X e C à direita dos símbolos que representam números maiores, fazemos uma adição.

VI = 5 + 1 = 6

XII = 10 + 2 = 12

LXX = 50 + 20 = 70

CXI = 100 + 10 + 1 = 111

DC = 500 + 100 = 600

MCCC = 1 000 + 300 = 1 300

- Ao escrever I, X e C à esquerda dos símbolos que representam números maiores, fazemos uma subtração.

IV = 5 − 1 = 4

IX = 10 − 1 = 9

XL = 50 − 10 = 40

XC = 100 − 10 = 90

CD = 500 − 100 = 400

CM = 1 000 − 100 = 900

Atividades

1 No sistema de representação romano, a posição dos símbolos é muito importante. Observe o quadro e responda às questões.

IV	V	VI
XL	L	LX
CD	D	DC

a) Em IV, há I à esquerda de V. O valor de V aumentou ou diminuiu? Quanto? ....

b) Em XL, há X à esquerda de L. O valor de L aumentou ou diminuiu? Quanto? ....

c) Em DC, há C à direita de D. O valor de D aumentou ou diminuiu? Quanto? ....

2 O livro que Mateus está lendo é dividido em capítulos. Ele vai começar o capítulo X.

a) Quantos capítulos ele já leu? ....

b) Se a história acaba no capítulo XVII, quantos capítulos faltam para Mateus terminar? ....

3 Escreva os números romanos que faltam.

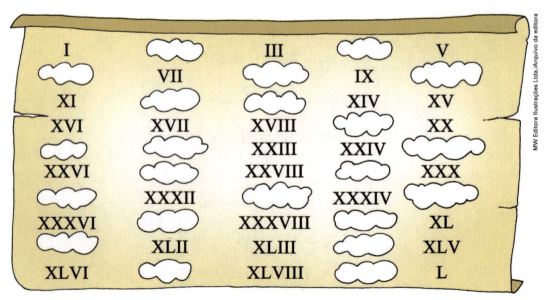

Capítulo 1 – Números naturais

4) Identifique na ilustração o ano indicado na inscrição romana.

....

5) Escreva no sistema de numeração romano o ano de invenção dos brinquedos.

1790 ➜ .... 1930 ➜ .... 1972 ➜ ....

1863 ➜ .... 1956 ➜ .... 1973 ➜ ....

6) Escreva por extenso os séculos em que ocorreram os fatos.

a) As histórias em quadrinhos surgiram no século XIX. ....

b) A chegada dos portugueses ao Brasil aconteceu no século XV. ....

c) O primeiro computador inteiramente eletrônico foi construído no século XX. ....

d) O para-raios foi inventado no século XVII. ....

7 Como você já viu, os números fazem parte de nossa vida em muitas situações. Observe as fotos e escreva o que os números estão indicando.

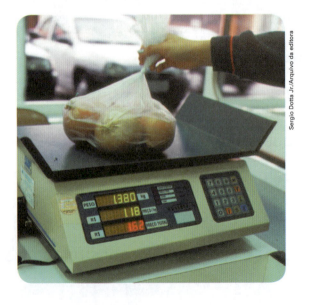

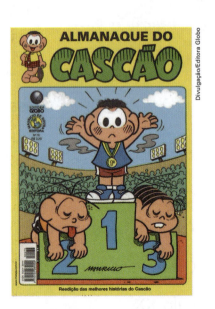

Capítulo 1 – Números naturais

Matemática e diversão

Brincando com números naturais

Você conhece o número mágico?

O número **1089** é considerado mágico em razão de uma propriedade notável.

Vamos fazer algumas operações e você vai ver esse número aparecer como resultado!

- Escreva um número qualquer com três algarismos distintos, por exemplo, 741.
- Agora escreva o número formado pelos mesmos algarismos escritos na ordem inversa e, em seguida, subtraia o menor do maior:

  741 − 147 = **594**

- Adicione a diferença com o número formado pelos algarismos dessa diferença escritos na ordem inversa:

  594 + 495 = **1 089**

Com a soma apareceu o número mágico.

- Agora você e seus colegas vão ver que, repetindo esses passos, isso sempre acontece, independentemente do número escolhido!
- Escolha um número de três algarismos e calcule.

Saiba mais

Número capicua

Observe os números acima. Agora, leia-os de trás para a frente. O que você descobriu?

Um número capicua é aquele que pode ser lido na ordem direta (da esquerda para a direita) ou de trás para frente, que sua escrita e seu valor não se alteram.

- Faça o teste: 22, 838, 9779.

Comparação de números naturais

Observe a quantidade de livros que está sobre a mesa de cada criança:

Observando essas quantidades, podemos chegar a algumas conclusões:

- O número de livros de Patrícia (5) é igual ao número de livros de Maria (5).

Indicamos: 5 = 5

- O número de livros de Guto (7) é diferente do número de livros de Caio (6).

Indicamos: 7 ≠ 6

- O número de livros de Patrícia (5) é menor que o número de livros de Guto (7).

Indicamos: 5 < 7

- O número de livros de Caio (6) é maior que o número de livros de Maria (5).

Indicamos: 6 > 5

Os símbolos < e > devem estar abertos para o lado do número maior. Por exemplo:

9 < 15 → 9 é menor que 15 ou

15 > 9 → 15 é maior que 9

Atividades

1 No planeta Terra, há diversas espécies de animais. Observe o tempo médio de vida de alguns deles a seguir.

leão → 25 anos		coelho → 12 anos	
cachorro → 12 anos		jabuti → 80 anos	
arara → 63 anos		cavalo → 30 anos	
galinha → 7 anos		coruja → 24 anos	
tigre → 25 anos		canguru → 7 anos	

a) Qual desses animais vive mais tempo?

....

b) Quais são os animais que vivem menos tempo?

....

c) Indique dois animais que têm o mesmo tempo médio de vida.

....

d) Agora escreva o tempo médio de vida dos animais e compare usando os símbolos >, < ou =.

leão ⬚ .... coelho ⬚ | cavalo ⬚ .... coruja ⬚

arara ⬚ .... jabuti ⬚ | coelho ⬚ .... cachorro ⬚

galinha ⬚ .... canguru ⬚ | leão ⬚ .... tigre ⬚

2 Resolva as operações e escreva qual deve ser o sinal, como no exemplo.

$$100 \div 2 \;\boxed{<}\; 32 \times 2 \qquad 50 < 64$$

a) $1\,000 - 13 \;\bigcirc\; 897 + 90$ ....

b) $400 \div 2 \;\bigcirc\; 58 + 789$ ....

c) $33 - 2 \;\bigcirc\; 7 \times 2$ ....

3 Complete com os símbolos > ou <.

a) 7 9

b) 11 6

c) $21 \div 3$ .... 7×2

d) $20 + 5$ .... 5×4

e) 6×2 .... 3×7

f) $32 \div 4$ .... 3×2

4 Coloque **V** (verdadeiro) ou **F** (falso).

a) $3 \times 4 \neq 4 \times 3$ ⬚

b) $8 + 3 = 13 - 2$ ⬚

c) $7 - 3 \neq 2 \times 2$ ⬚

d) $7 \times 5 > 8 \times 4$ ⬚

e) $2 \times 9 > 21 - 2$ ⬚

f) $21 \div 3 < 18 \div 2$ ⬚

Ordenação de números naturais: sucessor e antecessor de um número

Você já sabe que:

- Todo número natural possui um sucessor.

O sucessor de 0 é 1 ⟶ $0 + 1 = 1$

O sucessor de 99 é 100 ⟶ $99 + 1 = 100$

Para determinar o sucessor de um número basta adicionar uma unidade ao número (+ 1).

- Todo número natural, exceto o zero, possui um antecessor.

O antecessor de 5 é 4 ⟶ $5 - 1 = 4$

O antecessor de 300 é 299 ⟶ $300 - 1 = 299$

Para determinar o antecessor de um número basta subtrair uma unidade do número (− 1).

- Observe a situação seguinte e tente responder:

Amanda e Fernando estão brincando de acertar o alvo.

a) Anote no quadro os pontos marcados.

Amanda acertou o	Fernando acertou o
sucessor de 19	sucessor de 39 ....
antecessor de 81	antecessor de 41 ....
sucessor de 59	sucessor de 99 ....

b) Quem venceu a partida? ....

Atividades

1 Complete a sequência numérica.

			98			101
511		513	514			
	101	102				106
207		209				

2 Para sair do labirinto, Marília precisará caminhar pela trilha dos sucessores pares. Indique a trilha certa, pintando-a de verde.

6	8	10	12	14	18	20	24	26
8	10	11	14	11	14	12	10	8
10	12	13	16	18	20	18	22	24
12	15	15	21	24	22	24	26	28
14	17	17	23	21	25	27	28	32
16	19	19	25	23	25	27	30	34
18	21	21	28	25	27	29	32	36
20	24	24	14	28	30	36	34	38
22	18	18	16	14	12	38	42	40
24	20	20	18	16	14	40	42	46
26	22	22	20	18	16	14	44	46
28	31	32	34	36	38	40	42	48

○ Agora escreva em ordem decrescente os números encontrados no caminho. Use o símbolo > (maior que).

....

....

Capítulo 2 — Sistema de numeração decimal

De todos os sistemas de numeração criados, o que permitiu escrever os números e fazer cálculos de forma mais simples foi o sistema de numeração indo-arábico, hoje usado praticamente em todo o mundo.

Inicialmente os algarismos eram os seguintes símbolos:

Os árabes aperfeiçoaram e difundiram o sistema criado no vale do Indo, onde hoje é o Paquistão, para a Europa. Por isso, esse sistema ficou conhecido como sistema indo-arábico. Como você sabe, os algarismos desse sistema são:

1	2	3	4	5	6	7	8	9	0
um	dois	três	quatro	cinco	seis	sete	oito	nove	zero

Nosso sistema de numeração é **decimal**. Ou seja, os agrupamentos são feitos de dez em dez.

- 1 unidade
- 10 unidades formam 1 dezena
- 10 dezenas formam 1 centena

Nosso sistema de numeração é **posicional**.

Com os algarismos 0, 1, 2, 3, 4, 5, 6, 7, 8 e 9, escreve-se qualquer número. O mesmo símbolo representa valores diferentes de acordo com sua posição no número.

132 — No número 132, o algarismo 3 vale 30.

C	D	U
1	3	2

321 — No número 321, o algarismo 3 vale 300.

C	D	U
3	2	1

Atividades

1) Indique o número representado e decomponha-o.

D	U

.... dezenas e .... unidades

2) Circule o maior número de dois algarismos diferentes: 97 98 99.

○ Qual é a decomposição desse número? ....

3) Edu fez 10 grupos de 10 figurinhas para guardar em saquinhos.

centena	dezena	unidade

a) Quantos selos Edu tem? ....

b) Agora escreva esse número no quadro:

c) Edu tem .... centena de selos, que é igual a ....

d) Quantas dezenas de selos Edu tem? ....

e) Quantas unidades? ....

4) Observe o quadro a seguir.

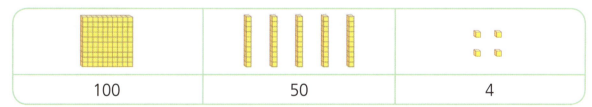

100	50	4

a) Indique o número do quadro: ....

b) Represente esse número com símbolos numéricos na forma:

○ decomposta: ....

○ por extenso: ....

Noção de ordens

Cada algarismo que forma o número ocupa uma ordem.

As ordens são contadas da direita para a esquerda.

Observe:

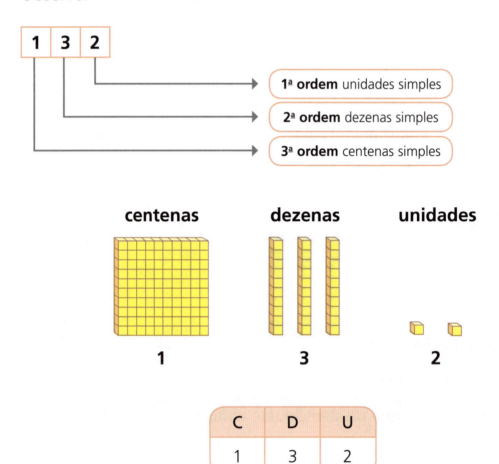

Escrevemos: 132.

Lemos: cento e trinta e dois.

O valor de um algarismo muda de acordo com a posição que ele ocupa no número.

A **1ª ordem** é ocupada por um algarismo que indica as quantidades que não formam dez.

A **2ª ordem** é ocupada por um algarismo que indica quantos grupos de dez se formaram.

A **3ª ordem** é ocupada por um algarismo que indica quantos grupos de dez dezenas se formaram.

Zero

O **zero** é indispensável na numeração, pois representa as ordens vazias.

centenas   dezenas   unidades

C	D	U
1	0	3

Escrevemos: 103.
Lemos: cento e três.

1   0   3

Veja um exemplo de noção de ordem.

Abaixo estão dispostas 15 bolas. Verifique o que acontece quando tentamos formar grupos de 10 bolas:

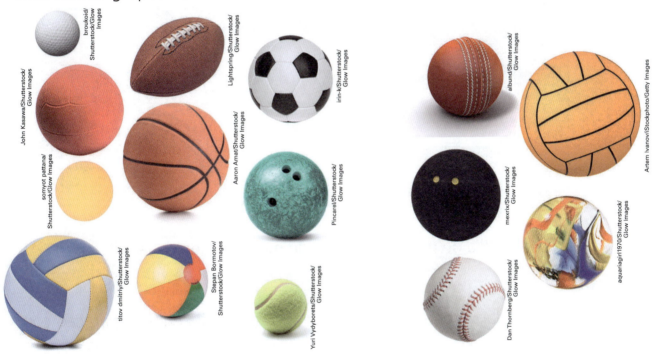

Agora responda:

- Quantos grupos de 10 foram formados? ....
- Quantas bolas sobraram? ....
- Quantas bolas a mais você teria que desenhar para formar um novo grupo de 10? ....
- Indique no quadro o total de bolas que você teria depois de formar um novo grupo.

D	U

1 Em uma loja, os lápis são arrumados da seguinte maneira:

10 lápis formam uma caixa.   10 caixas formam um pacote.

a) Complete o quadro, que mostra a venda de lápis durante 4 dias.

	Lápis vendidos	Quantidade
1º dia		
2º dia		
3º dia		
4º dia		

b) Qual foi o dia de maior venda e o de menor venda de lápis?
....

c) Quantos lápis foram vendidos a menos no 4º dia em comparação com 2º dia? ....

d) Quantos lápis foram vendidos nos 4 dias? ....

2 Complete as frases.

a) O número 327 tem .... ordens.

b) O 7 ocupa a 1ª ordem, chamada ....

c) O 2 ocupa a 2ª ordem, chamada ....

d) O 3 ocupa a 3ª ordem, chamada ....

3) Veja alguns números representados nos ábacos.

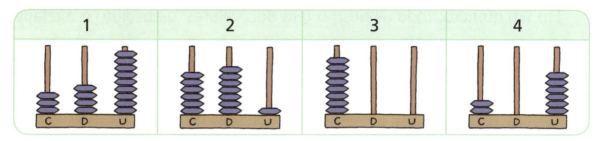

a) Que número está representado em cada ábaco?

1	2	3	4

b) Qual deles é o maior? ....

c) Qual deles é o menor? ....

d) Escreva esses números do menor para o maior e, depois, do maior para o menor. Use o sinal adequado: < (menor que) ou > (maior que).

....

....

4) O ventilador espalhou as placas com o preço da bicicleta.

O preço da bicicleta é .... reais.

Valor absoluto e valor relativo

Em um número, todo algarismo tem dois valores: o absoluto e o relativo.

Valor absoluto	Valor do próprio algarismo, independentemente de sua posição no número.
Valor relativo	Valor do algarismo de acordo com a posição que ocupa no número.

Verifique esse exemplo e responda quais são os valores absolutos e relativos de cada algarismo:

458

Valor absoluto de:

4 →

5 →

8 →

Valor relativo de:

4 →

5 →

8 →

Capítulo 2 – Sistema de numeração decimal

Atividades

1) Escreva o valor absoluto (VA) e o valor relativo (VR) dos algarismos destacados.

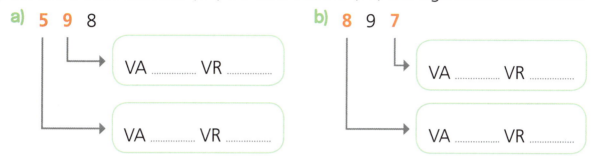

a) 5 9 8
   VA .... VR ....
   VA .... VR ....

b) 8 9 7
   VA .... VR ....
   VA .... VR ....

2) Siga as pistas e descubra o tempo médio de vida de cada animal.

.... anos   .... anos

.... anos   .... anos

a) O tempo médio de vida do hipopótamo corresponde ao valor relativo do algarismo 4 no número 746. ....

b) O tempo de vida do golfinho é formado pela soma do valor absoluto do algarismo 5 com o valor relativo do algarismo 6 no número 568.

....

c) O tempo médio de vida do esquilo corresponde ao resultado da adição dos valores absoluto e relativo do algarismo 1 no número 413.

....

d) O tempo médio de vida da coruja corresponde ao resultado da seguinte adição: o dobro do valor relativo do algarismo 1 mais o dobro do valor absoluto do algarismo 2 no número 217. ....

Noção de classes

CADA ALGARISMO OCUPA UMA ORDEM NO NÚMERO. TRÊS ORDENS FORMAM UMA CLASSE.

EM 999, TEMOS TRÊS ORDENS FORMANDO UMA CLASSE. A PRIMEIRA CLASSE É A CLASSE DAS UNIDADES SIMPLES. PARA OBTER UM NÚMERO MAIOR DO QUE 999, PRECISAMOS DE MAIS UMA CLASSE.

QUANDO ADICIONAMOS 1 AO NÚMERO 999, OBTEMOS 1000.

VAMOS VER COMO CHEGAMOS AO 1000 USANDO O CUBO GRANDE DO MATERIAL DOURADO.

1 cubo pequeno → unidade

10 cubos → 1 barra → dezena

10 barras → 1 placa → centena

10 placas → 1 cubo grande → milhar

O NÚMERO 1000 TEM QUATRO ORDENS COMPREENDIDAS EM DUAS CLASSES, UMA COMPLETA E OUTRA INCOMPLETA.

Milhares	Unidades simples		
4ª ordem	3ª ordem	2ª ordem	1ª ordem
UM	C	D	U
1	0	0	0

Atividades

1 Escreva os números indicados no material dourado.

a)  ....

b) 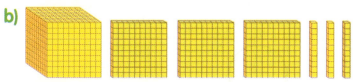 ....

c)  ....

d) 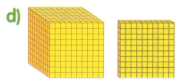 ....

2 Rafaela escreveu dez algarismos indo-arábicos em fichas. Sorteou quatro e formou o número a seguir.

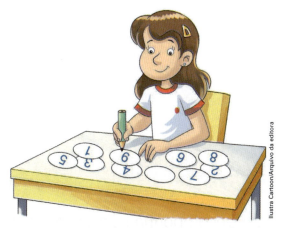

- Complete as frases.

a) O número formado tem .... ordens.

b) A ordem de maior valor é ....

c) O valor relativo do algarismo 5 é ....

d) O valor absoluto do algarismo 9 é ....

e) O menor número que se pode escrever usando as fichas sorteadas é ...., e o maior é ....

- Faça como Rafaela e embaralhe fichas de 0 a 9. Escreva três números diferentes; faça a leitura e escreva por extenso.

○ ○ ○ ○ ....

○ ○ ○ ○ ....

○ ○ ○ ○ ....

3 Escreva na ordem crescente os números consecutivos de 1 530 a 1 550. Use o símbolo < (menor que).

....

....

....

....

4 Decomponha os números nas diferentes ordens.

a) 1 736 → ....

b) 2 086 → ....

c) 5 000 → ....

Capítulo 2 – Sistema de numeração decimal

5 Escreva o número que está representado em cada ábaco.

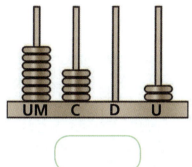

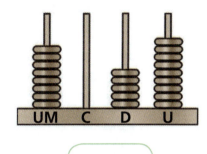

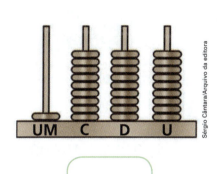

6 Escreva na ordem decrescente os números de 7 350 a 7 370. Cada número deve ser o antecessor do número escrito anteriormente.

Use o símbolo > (maior que).

....

....

....

....

7 Decomponha os números conforme o exemplo.

1735 = 1000 + 700 + 30 + 5

a) 3 952 = ...

b) 4 875 = ...

c) 5 561 = ...

Dezenas de milhar

O sucessor de 9 999 é **10 000**. (Lemos: dez mil)

Agora observe a seguinte situação e teste seus conhecimentos sobre as dezenas de milhar.

- Ana escreveu no caderno o antecessor de 10 000. Que número ela escreveu? ....

- Simone escreveu o sucessor de 10 521. Que número ela escreveu?
....

- O antecessor de um número é 25 635 e o sucessor é 25 637. Que número é esse? ....

- Qual é o sucessor par de 10 420? ....

Centenas de milhar

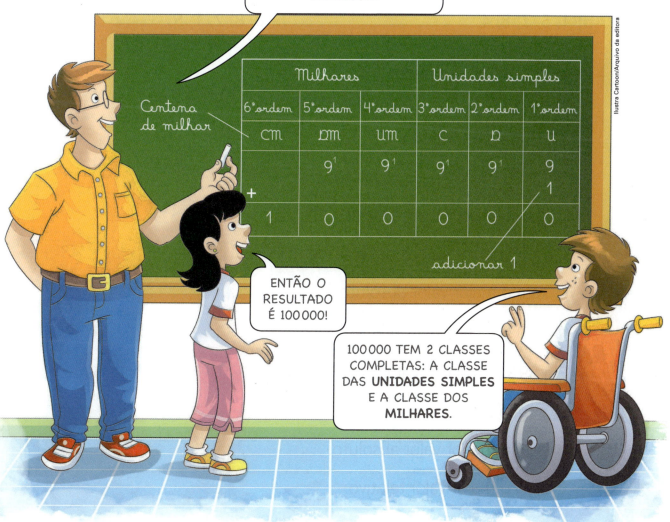

Para ler um número natural:

- Divide-se o número em classes, da direita para a esquerda:

- Lê-se o número da esquerda para a direita:

125 436 → Cento e vinte e cinco mil quatrocentos e trinta e seis

Atividades

1) Escreva o maior número que se pode representar com os seguintes algarismos:

a) 1, 5, 7, 8, 4

b) 0, 8, 2, 1, 5

2) Responda ao que se pede.

- Em 35 276, qual é o algarismo que:

    a) ocupa a 4ª ordem: ....

    b) tem o menor valor absoluto: ....

    c) tem o maior valor relativo: ....

    d) ocupa a ordem das dezenas de milhar: ....

    e) tem o maior valor absoluto: ....

    f) tem o menor valor relativo: ....

- Em 59 324, qual é o algarismo que:

    a) ocupa a 3ª ordem: ....

    b) tem o menor valor absoluto: ....

    c) tem o maior valor relativo: ....

    d) ocupa a ordem das dezenas de milhar: ....

    e) tem o maior valor absoluto: ....

    f) tem o menor valor relativo: ....

3) Pensei em um número entre 100 000 e 100 050. Ele é menor que 100 030 e maior que 100 020. Escreva em ordem crescente os números consecutivos que eu posso ter pensado.

4) Observe o número representado no ábaco a seguir.

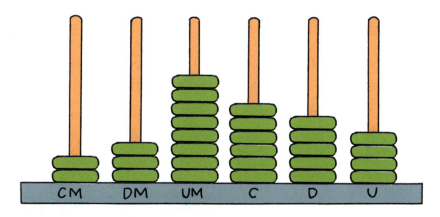

a) Escreva o número representado no ábaco: ....

b) Escreva esse número por extenso:

....

c) Quais são o sucessor e o antecessor desse número?

....

5) O quadro apresenta dados sobre a população de cada estado da região Sul.

Estado	População aproximada (estimativa IBGE 2014)
Paraná	11 081 692
Santa Catarina	6 727 148
Rio Grande do Sul	11 207 274

Fonte: <www.ibge.gov.br/estadosat/temas.php?sigla=sc&tema=estimativa2014>. Acesso em: 29 dez. 2014.

a) Qual é o estado com maior população? ....

b) Qual é o estado com menor população? ....

c) Qual é a população estimada de toda a região Sul? ....

d) Escreva por extenso o número que indica o total da população estimada da região Sul: ....

Observando e registrando

Carteira de identidade

Na carteira de identidade, que contém o RG (número do registro geral de um cidadão), aparecem informações que identificam uma pessoa, como o nome dela, o lugar e a data em que nasceu, o nome dos pais, além da foto e da impressão digital.

Observe:

1.

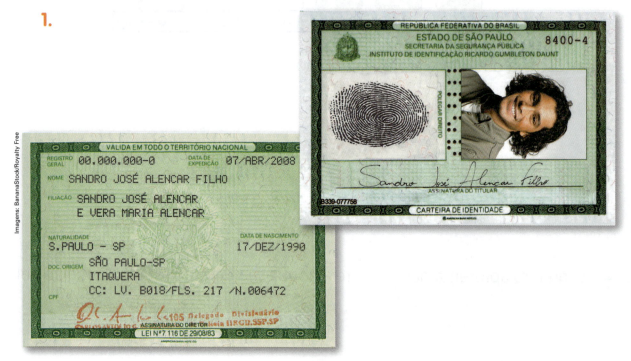

2.

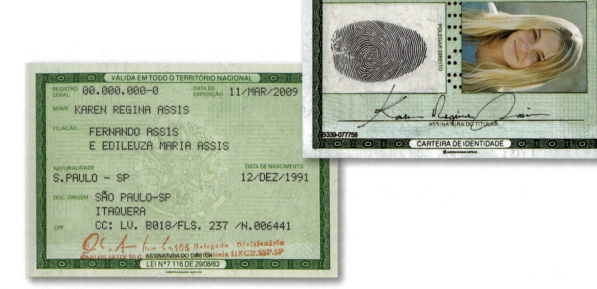

Capítulo 2 – Sistema de numeração decimal

1 De quem é a carteira de identidade 1?
....

2 De quem é a carteira de identidade 2?
....

3 Em que data essas pessoas nasceram?
....
....

4 Qual é a idade, hoje, da pessoa identificada na carteira 1?
....

5 Qual é a idade, hoje, da pessoa identificada na carteira 2?
....

6 Qual dessas pessoas é a mais velha?
....

7 Agora preencha com seus dados.

Nome: ....
Data de nascimento: ....
Idade atual: ....

- Quantos anos você terá em 2019? ....

● Números pares e números ímpares

Marta, que é tia de Valéria, faz brigadeiros para vender. Ela embala os docinhos aos pares, em um saquinho. Depois, para comercializar, acomoda 5 desses saquinhos em uma caixa.

10 é par, porque $10 \div 2 = 5$ e o resto é zero.

Quando tia Marta terminou de preparar uma caixa de brigadeiros, viu que havia uma unidade a mais. Ela deve ter se enganado na hora de contar os brigadeiros.

9 é ímpar, porque $9 \div 2 = 4$ e dá resto 1.

Para saber se um número é par ou ímpar, basta verificar a ordem das unidades simples.

SE O NÚMERO TERMINAR EM 0, 2, 4, 6 OU 8, ELE É PAR.

JÁ SEI! E SE O NÚMERO TERMINAR EM 1, 3, 5, 7 OU 9, ELE É ÍMPAR.

ENTÃO, 11 112 É PAR!

Atividades

1 Paulo e Tarso disputam um jogo de par ou ímpar. Há diversas fichas numeradas e cada um sorteia seis. Vence quem tiver mais números ímpares. Veja no quadro os números que cada um tirou.

Paulo	131	93	49	78	26	104
Tarso	94	107	93	931	806	429

a) Quem venceu o jogo? Quantos números ímpares ele tirou?

....

b) Quantos números pares Paulo tirou?

....

2 Circule os números pares.

421   634   1 378   63   790   441   196   408

3 Risque os números ímpares.

103   245   1 574   2 088   325   484   1 235   1 007

4 Pense e responda às questões.

a) Qual é o menor número que se deve adicionar a qualquer número ímpar para torná-lo par?

....

b) Você consegue escrever quatro números ímpares distintos que, ao serem adicionados, resultem em 20?

....

c) Qual é o menor número par de três algarismos distintos?

....

● Numeração ordinal

Os números também são usados para indicar ordem.

Em 2014, a etíope Ymer Wude Ayalew venceu pela segunda vez consecutiva a Corrida Internacional de São Silvestre, que acontece todos os anos em São Paulo (SP).

Observe a representação de alguns números ordinais:

1º → primeiro	10º → décimo	20º → vigésimo
2º → segundo	11º → décimo primeiro	30º → trigésimo
3º → terceiro	12º → décimo segundo	40º → quadragésimo
4º → quarto	13º → décimo terceiro	50º → quinquagésimo
5º → quinto	14º → décimo quarto	60º → sexagésimo
6º → sexto	15º → décimo quinto	70º → setuagésimo
7º → sétimo	16º → décimo sexto	80º → octogésimo
8º → oitavo	17º → décimo sétimo	90º → nonagésimo
9º → nono	18º → décimo oitavo	100º → centésimo
	19º → décimo nono	

● Numeração cardinal

Mesmo sem saber da nomenclatura, nas atividades anteriores estávamos trabalhando com números cardinais.

Um dos usos dos números cardinais que você viu é representar quantidades de pessoas, animais, objetos, qualquer coisa.

Por exemplo:

5 é um número cardinal.

1) Complete corretamente as afirmações, escrevendo por extenso o número ordinal.

Participavam de uma corrida 100 corredores.

a) Marcelo foi o último colocado, chegando em .... lugar.

b) Eduardo foi o campeão, ele chegou em .... lugar.

c) Dezenove chegaram na frente de Sandra. Ela foi a .... colocada.

d) Renata chegou logo após o sexagésimo nono colocado. Ela chegou em .... lugar.

e) Taís chegou logo após o octogésimo nono colocado. Ela chegou em .... lugar.

2) Coloque (1) nos números usados para ordenar (ordinais) e (2) nos usados para contar (cardinais).

a) Marta comprou cinco potes de biscoitos. ◯

b) Marcos foi o quinto a chegar na festa. ◯

c) Gabriela tem quarenta ursinhos de pelúcia em sua coleção. ◯

d) Na lista de alunos de sua classe, Gabriel é o vigésimo sexto. ◯

e) Na classe de Aline há trinta alunos. ◯

3) A empresa Jubiara tem 30 vagas para serem preenchidas. Alguns trabalhadores prestaram um concurso e obtiveram a classificação ao lado:

Nome	Colocação
Paulo	15º
Guilherme	26º
Jonas	32º
Carla	5º
Júlia	39º

- Responda às questões.

   a) Quem não conseguiu vaga? Por quê?

   _____

   _____

   _____

   b) Entre os que aparecem no quadro, quem obteve a melhor classificação?

   _____

4) Siga as pistas dadas pelas crianças e descubra a ordem em que cada uma terminou de fazer as atividades de Matemática:

1º		4º	
2º		5º	
3º			

Capítulo 2 – Sistema de numeração decimal

5 Veja como foi o desempenho dos países na Copa do Mundo de Futebol masculino. No quadro você pode ver quais nações mais venceram nas Copas até o ano de 2010.

	Ranking histórico da Copa do Mundo da FIFA				
	Equipe	Pontos	Jogos	Vitórias	Derrotas
1	Brasil	216	97	67	15
2	Alemanha	199	99	60	20
3	Itália	153	80	44	15
4	Argentina	124	70	37	20
5	Inglaterra	97	59	26	14
6	Espanha	96	56	28	16
7	França	86	54	25	18
8	Holanda	76	43	22	11
9	Uruguai	66	47	18	17
10	Suécia	61	46	16	17
11	Sérvia	59	43	17	18
12	Rússia	57	37	17	14

Adaptado de: <pt.fifa.com/worldcup/archive/southafrica2010/statistics/pastworldcup/index.html>. Acesso em: 12 dez. 2014.

a) Que país ocupa o primeiro lugar em número de jogos vencidos?

....

b) Qual é a classificação da Argentina?

....

c) Que país está na décima segunda posição?

....

d) Qual foi a classificação da França, considerando-se apenas o número de pontos?

....

O tema é... Trabalho

Mulheres e as realidades globais

Dados de pesquisa indicam que as mulheres somam mais da metade da população mundial, fazem dois terços do trabalho do mundo, mas recebem apenas um décimo dos salários mundiais.

Informações coletadas em 1986 demonstraram a situação difícil das mulheres.

- Em 1950 havia 27 milhões de meninos a mais que meninas inscritos na escola primária e secundária. Em 1986 esse número subiu para 80 milhões.

- As mulheres que vivem em áreas rurais produzem metade dos alimentos nos países em desenvolvimento e mais de 80% dos alimentos produzidos na África.

- Dez das onze democracias mais antigas do mundo esperaram até o século XX para dar o direito de voto às mulheres. O primeiro país a dar a igualdade eleitoral foi a Nova Zelândia, em 1898, e o último foi a Suíça, em 1971. As mulheres brasileiras ganharam o direito ao voto em 1934.

Ilustra Cartoon/Arquivo da editora

Criando habitats na escola sustentável: livro de atividades, de Lucia Legan. São Paulo: Imesp; Pirenópolis: Ecocentro Ipec, 2009. p. 94.

1. Quais são as principais ideias abordadas no texto?
2. De acordo com o texto, faça o que se pede a seguir.

   a) Faça uma pesquisa sobre os possíveis motivos para a diferença no número de meninos e meninas inscritos nas escolas primárias e secundárias entre 1950 e 1986.

   b) Nas áreas rurais dos países em desenvolvimento, as mulheres produzem metade dos alimentos. Na África, de cada 100 alimentos, 80 são produzidos por mulheres. Quantos são produzidos por homens?

   c) Você acha que existe justiça social entre homens e mulheres?

   d) Converse com os colegas e o professor sobre o direito de voto.

O primeiro país a dar igualdade eleitoral foi a Nova Zelândia, em 1898.

O último país a dar igualdade eleitoral foi a Suíça, em 1971.

As mulheres brasileiras ganharam o direito ao voto em 1934.

Capítulo 3
Sistema monetário brasileiro

○ OED

O dinheiro utilizado no Brasil passou por muitas mudanças ao longo do tempo.

Cédula de 1 000 réis com efígie de Dom Pedro II, de 1879.

Cédula de 1 cruzeiro com a figura do Marquês de Tamandaré, de 1956.

Cédula de 1000 cruzeiros, lançada em 1981.

Cédula de 10 000 cruzados, lançada em 1986, que homenageou o cientista Carlos Chagas.

Cédula de 50 000 cruzeiros reais, lançada em 1993.

● Unidade monetária: o real

A moeda que usamos atualmente é o **real**. Essa moeda foi adotada em julho de 1994. Seu símbolo é **R$**. Exemplo: R$ 15,00 (quinze reais).

Um real pode ser dividido em cem partes iguais. Cada uma dessas partes chama-se **centavo**.

Atualmente, porém, quase não usamos moedas de 1 centavo, mas podemos compor 1 real de muitas outras formas. Observe que duas moedas de 50 centavos valem 1 real.

1 real → 2 vezes 50 centavos

símbolo | número de reais | vírgula | número de centavos

R$ 570,50

quinhentos e setenta reais e cinquenta centavos

Nosso dinheiro apresenta-se na forma de cédulas e moedas.

● Cédulas

R$ 2,00 ⟶ dois reais

R$ 5,00 ⟶ cinco reais

R$ 10,00 ⟶ dez reais

R$ 20,00 ⟶ vinte reais

R$ 50,00 ⟶ cinquenta reais

R$ 100,00 ⟶ cem reais

● Moedas

R$ 0,01
um centavo

R$ 0,05
cinco centavos

R$ 0,10
dez centavos

R$ 0,25
vinte e cinco centavos

R$ 0,50
cinquenta centavos

R$ 1,00
um real

Atividades

1 Pedro colocou estas moedas no cofre. Escreva essa quantia usando R$.

Fotos: Casa da Moeda do Brasil/Arquivo da editora

....

2 Para trocar ![2 reais] pelo maior número de moedas colocadas no cofre, quais Pedro deverá tirar? Desenhe.

3 Usando R$ e algarismos, represente os seguintes valores:

a) cinquenta reais ....

b) cem reais ....

c) quarenta e cinco reais ....

d) dois mil e quinhentos reais ....

e) duzentos e cinco reais e cinquenta centavos ....

4 Faça como no exemplo.

R$ 2,45 = 245 centavos

a) R$ 1,25 = ...

b) R$ 3,40 = ...

c) R$ 7,55 = ...

5 Lucas precisa de 8 reais para comprar uma revista. Ele abriu seu cofrinho e contou 7 moedas de 50 centavos, 10 moedas de 25 centavos e 12 moedas de 10 centavos.

○ Quanto dinheiro Lucas tem? Ele já pode comprar a revista?

....

Capítulo 3 – Sistema monetário brasileiro

Observando e registrando

Cheque

Para pagar uma conta no valor de R$ 305,30, o pai de Gilberto preencheu um cheque. Veja.

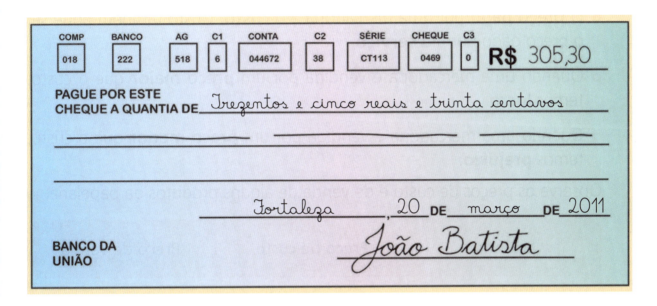

O cheque tem o mesmo valor que o dinheiro, mas quem vai emiti-lo precisa ter dinheiro em sua conta no banco, para que o cheque possa ser trocado pelo dinheiro.

Agora imagine que você comprou uma câmera digital no valor de R$ 780,50 e vai pagá-la com o cheque abaixo. Preencha-o corretamente.

Compra e venda

A mãe de Marcos é comerciante. Nas férias escolares, o menino gosta de ajudá-la na papelaria e observa tudo. Ele ouve sua mãe falar em lucro, custo, prejuízo...

Marcos tratou logo de pesquisar e descobriu que:

- O **preço pago** por uma mercadoria é o **custo**. Custo também pode ser o preço pago por um **serviço**.

- Quando uma mercadoria é vendida por um **preço maior** que o custo, temos **lucro**.

- Quando uma mercadoria é vendida por um **preço menor** que o custo, temos **prejuízo**.

Observe os preços de custo e de venda de alguns produtos da papelaria.

Produto	Preço de custo	Preço de venda
caneta	R$ 1,50	R$ 2,00
lápis	R$ 0,20	R$ 0,30
caderno	R$ 2,50	R$ 4,00
borracha	R$ 0,15	R$ 0,10
lapiseira	R$ 3,00	R$ 2,00

a) Na venda de quais produtos há prejuízo? Qual é o prejuízo por unidade?

_____

b) Ontem foram vendidas 15 lapiseiras. Houve lucro ou prejuízo? De quanto?

_____

c) Na venda de 50 cadernos, haverá lucro ou prejuízo? De quanto?

_____

Capítulo 3 – Sistema monetário brasileiro

Atividades

1 Observe os dados e complete o quadro da Loja Compre Aqui:

Mercadoria	Custo	Venda	Lucro	Prejuízo
televisor	R$ 700,00	R$ 999,00		–
guarda-roupa	R$ 790,00		–	R$ 90,00
micro-ondas	R$ 300,00		R$ 288,00	–
geladeira	R$ 800,00	R$ 740,00	–	
aquecedor		R$ 240,00	R$ 90,00	–

2 Marcos ganhará um *videogame* em seu aniversário. Seu pai pediu a ele que pesquisasse os preços em anúncios nos jornais para ver a melhor oferta.

Loja Beleza
À vista: R$ 450,00
A prazo: Entrada R$ 50,00
+
4 prestações de R$ 120,00

Loja Criança
À vista: R$ 460,00
A prazo: Entrada R$ 50,00
+
5 prestações de R$ 90,00

Loja Alegria
À vista: R$ 498,00
A prazo: Sem entrada
+
4 prestações de R$ 130,00

a) Que loja oferece a melhor oferta de pagamento:

   o à vista? ....

   o a prazo? ....

b) Qual é o preço do *videogame* a prazo na Loja Criança?

....

c) O pai de Marcos resolveu comprar o *videogame* à vista na Loja Beleza. Quanto ele economizou por não ter comprado a prazo na Loja Criança?

....

Capítulo 4 — Operações com números naturais

● Adição

Ideia de juntar

Observe na tabela o número de atletas brasileiros que participaram da Olimpíada de Londres, em 2012.

Participação de atletas brasileiros na Olimpíada de 2012	
sexo feminino	123
sexo masculino	136

Quantos atletas brasileiros participaram da Olimpíada de Londres?

```
  1 2 3   → parcela
+ 1 3 6   → parcela
-------
  2 5 9   → soma ou total
```

Participaram da Olimpíada de Londres, 259 atletas brasileiros.

> **Operação:** adição
> **Sinal da operação:** + (mais)
> **Termos:** parcela
> **Resultado:** soma ou total

Ideia de acrescentar

Para gravar a Olimpíada, Ronaldo comprou um gravador de DVD que custava R$ 550,00. Como comprou a prazo, o preço foi acrescido de R$ 35,00. Quanto ele pagou pelo aparelho?

$$550 + 35 = 585$$

```
  5 5 0
+   3 5
-------
  5 8 5
```

Ronaldo pagou R$ 585,00 pelo gravador de DVD.

Atividades

1 Efetue as adições a seguir no quadro de ordens e no modo prático. Veja o exemplo:

1 286 + 4 807

UM	C	D	U
¹1	2	¹8	6
+ 4	8	0	7
6	0	9	3

```
  1 2 8 6
+ 4 8 0 7
---------
  6 0 9 3
```

a) 2 535 + 6 293

UM	C	D	U

b) 437 + 326

C	D	U

c) 3 182 + 2 730

UM	C	D	U

2 Descubra os termos da adição, substituindo cada quadrinho pelo algarismo adequado.

a)
```
    2 5 1 □
+   4 □ □ 2
-----------
  □ 5 9 9
```

b)
```
    3 □ 2 4
+   4 4 3 □
-----------
    7 5 □ 9
```

c)
```
    2 0 □ □
+   □ 1 1
-----------
  □ 3 7 9
```

3 O que é, o que é?

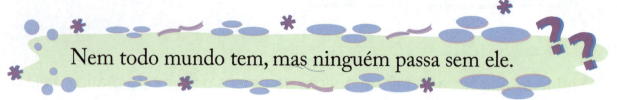

Nem todo mundo tem, mas ninguém passa sem ele.

Para descobrir, arme e efetue as adições em seu caderno e depois pinte os resultados no quadro abaixo.

a) 236 + 479 = ...

d) 3 478 + 2 910 = ...

b) 653 + 327 + 43 = ...

e) 3 428 + 3 960 + 805 = ...

c) 6 740 + 2 786 = ...

f) 15 + 426 + 1 748 = ...

132	803	6 798	4 050	771	4 117	6 257	1 467	840
311	421	1 945	2 189			203	731	6 031
112		3 289	249	5 378		715	279	104	829
	3 842		6 388	1 023			1 230	512	791
2 654			8 193		9 526		159	181	111
900		7 213		7 597		654	258	1 837
597	4 454	5 253		1 032		4 369	526	798

4 Efetue as adições e complete com os nomes dos termos.

a)

```
   3 2   →  ............
 + 4 1   →  ............
 ─────
         →  ............
```

b)

```
   1 7 3 1   →  ............
 + 3 0 6 1   →  ............
 ─────────
             →  ............
```

5 Observe o gráfico que mostra a quantidade de homens e de mulheres nas equipes brasileiras em Olimpíadas e responda às questões.

Extraído de: <www.cob.org.br>. Acesso em: 16 dez. 2014.

- Agora responda:

    a) Quantas mulheres participaram da Olimpíada em 1956? E quantos homens? _____

    b) Qual é o total de participantes em 1980? _____

    c) Quantos homens participaram a mais que as mulheres da Olimpíada de 1980? _____

    d) Qual é o total de participantes da Olimpíada de 2004? _____

    e) Quantas pessoas havia a menos na equipe feminina do que na masculina na Olimpíada de 2012? _____

6 A brincadeira é passar pela trilha fazendo uma contagem. Descubra os próximos números para completar a trilha:

Propriedades de adição

Fechamento

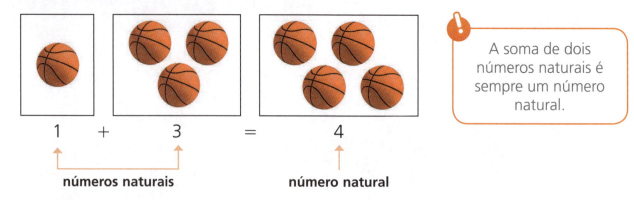

1 + 3 = 4

números naturais ... número natural

> A soma de dois números naturais é sempre um número natural.

Comutativa

Em uma escola foram matriculados 450 meninos e 285 meninas. Em outra escola foram matriculados 285 meninos e 450 meninas. Quantos alunos foram matriculados em cada escola?

```
  4 5 0   → parcela → meninos          2 8 5   → parcela → meninos
+ 2 8 5   → parcela → meninas        + 4 5 0   → parcela → meninas
  -----                                 -----
  7 3 5   → soma                       7 3 5   → soma
```

As somas são iguais.

> Trocando-se a ordem das parcelas, a soma continua a mesma.

Associativa

Rute comprou de manhã uma caixa de lápis de cor e um estojo. À tarde ela comprou um livro. Observe quanto Rute gastou no total.

15 reais   9 reais   25 reais

(15 + 9) + 25 = 49 ou 15 + (9 + 25) = 49

> Para obter a soma de três parcelas, podem-se associar (juntar) duas parcelas quaisquer e depois adicionar o resultado à terceira.

Elemento neutro – número zero

Veja como os alunos calcularam o total de pontos feitos em 3 rodadas de um jogo.

Leonardo   Danilo   Cássia

Leonardo → 6 + 0 + 5 = 11 + 0 = 11

Danilo → 7 + 4 + 0 = 11 + 0 = 11

Cássia → 0 + 9 + 2 = 0 + 11 = 11

> Numa adição, se uma das parcelas é igual a zero, a soma é igual à soma das outras parcelas.
> O zero é o elemento neutro da adição.

Mais sobre a propriedade associativa da adição

Veja como Danilo obteve a soma de quatro parcelas associando as parcelas de dois modos.

```
  31 + 22 + 50 + 20              31 + 22 + 50 + 20
      \  /    \  /                    \  /    \  /
     81   +   42                    53    +    70
         \   /                           \   /
          123                             123
```

• Agora calcule as somas usando modos diferentes.

a) 40 + 34 + 10 + 25 ....

b) 36 + 20 + 12 + 9 ....

c) 73 + 8 + 14 + 30 ....

d) 40 + 52 + 20 + 8 ....

Atividades

1) Aplique a propriedade comutativa nas adições.

a) 4 + 8 = 8 + _____

b) 5 + 7 = _____ + 5

c) 4 + 5 = _____ + 4

d) 14 + 15 = _____ + _____

2) Aplique a propriedade associativa nas adições.

a) 5 + 8 + 7 = (5 + _____) + _____ = 5 + (_____ + _____)

b) 3 + 5 + 4 = (3 + _____) + _____ = 3 + (_____ + _____)

c) 12 + 5 + 3 = 12 + (_____ + _____) = (12 + _____) + _____

3) Escreva a propriedade aplicada.

a) 5 + 7 = 12 → _____

b) 0 + 7 = 7 + 0 = 7 → _____

c) 11 + 17 = 17 + 11 → _____

d) (15 + 12) + 9 = 15 + (12 + 9) → _____

4) Nas operações abaixo, substitua cada ▲ pelo número adequado.

a) 18 + 3 = ▲ + 18 → ▲ = _____

b) 7 + (12 + 1) = (▲ + 12) + 1 → ▲ = _____

c) 8 + 62 = 62 + ▲ → ▲ = _____

> 10 + 16 + 2 = 10 + 18 = 28
> (18)

5) Associe as parcelas e calcule as somas mentalmente.

a) 2 + 10 + 9 = _____

b) 5 + 27 + 3 = _____

c) 50 + 20 + 80 = _____

d) 500 + 200 + 800 = _____

e) 200 + 80 + 20 = _____

f) 120 + 4 + 6 = _____

Ler, refletir e resolver

1) Renata ganhou um livro de histórias. Já leu 135 páginas e ainda faltam 86 para terminar o livro. Quantas páginas tem o livro?

....

2) Carlos comprou uma geladeira por R$ 956,00 e um fogão por R$ 356,00. Deu R$ 300,00 no dia da compra e o valor restante pagou com um cheque para 30 dias. Qual foi o valor do cheque?

....

3) Para vencer uma gincana, Tadeu precisa escolher quatro números que somados deem 100. Verifique mentalmente em qual das opções abaixo ele marcará os 100 pontos.

○ 12 + 62 + 7 + 15

○ 31 + 2 + 47 + 4

○ 47 + 15 + 7 + 31

4 Leia o texto e depois responda:

Às sextas-feiras, sábados e domingos, Luís vende pipoca numa pracinha. Para seu controle, ele registrou numa tabela o número de sacos vendidos no último mês.

	Sexta-feira	Sábado	Domingo
1ª semana	120	205	161
2ª semana	85	198	203
3ª semana	93	145	159
4ª semana	102	93	176

○ Quantos sacos de pipoca Luís vendeu:

a) às sextas-feiras: _____

b) aos sábados: _____

c) aos domingos: _____

d) na 1ª semana: _____

e) na 2ª semana: _____

f) na 3ª semana: _____

g) na 4ª semana: _____

h) no mês todo: _____

i) Se cada saco de pipoca custa R$ 1,00, quanto ele ganhou durante o mês?

_____

Capítulo 4 – Operações com números naturais

Saiba mais

Entendendo o que é um cupom fiscal

Observe o cupom fiscal da compra feita por Regina.

1. Quantos produtos ela comprou? ....

2. Quanto custou o produto mais caro? ....

3. Qual foi o valor do produto mais barato? ....

4. Escreva por extenso quanto Regina pagou pela compra.

   ....

   ....

   ....

5. Regina deu R$ 100,00 para pagar a compra. Quanto ela recebeu de troco? ....

Subtração

Ideia de retirar

1 Um teatro possui 348 lugares. Há 126 poltronas ocupadas. Quantos assentos estão vagos?

Para saber quantos lugares vagos há no teatro, é preciso tirar do total de lugares o número de poltronas ocupadas.

$$\begin{array}{r} 3\,4\,8 \\ -\,1\,2\,6 \\ \hline 2\,2\,2 \end{array} \begin{array}{l} \longrightarrow \text{minuendo} \\ \longrightarrow \text{subtraendo} \\ \longrightarrow \text{resto ou diferença} \end{array}$$

O número de lugares vagos é 222.

Ideia de comparar

2 Edu tem 15 carrinhos e Juca, 27. Edu precisa de quantos carrinhos a mais para ter o mesmo número de carrinhos que Juca?

 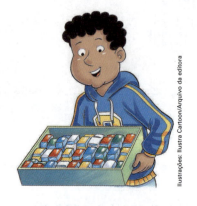

Para calcular quantos carrinhos a mais Edu precisa, efetua-se uma subtração.

$$27 - 15 = 12$$

Edu precisa de 12 carrinhos.

Ideia de completar

Na Copa de 2014, Antônio colecionou 35 figurinhas. Porém o álbum todo era composto de 40 figurinhas. Quantas ficaram faltando?

$$40 - 35 = 5$$

Ficaram faltando 5 figurinhas.

> **Operação:** subtração
> **Sinal da operação:** – (menos)
> **Termos:** minuendo e subtraendo
> **Resultado:** resto ou diferença

Veja como Marcela calcula mentalmente a subtração 43 − 11:

PRIMEIRO TIRO 10 DE 43.
43 − 10 = 33.
DEPOIS TIRO 1.
33 − 1 = 32

- Agora é sua vez. Calcule mentalmente:

   a) 56 − 11 = ...

   b) 47 − 11 = ...

   c) 84 − 11 = ...

   d) 21 − 11 = ...

Veja agora como Marcela usou o cálculo mental para descobrir o resultado da subtração 2 565 − 1 215.

UM	C	D	U
2	5	6	5

−

UM	C	D	U
1	2	1	5

2565 − 1 000 − 200 − 15

1 565 − 200 − 15

1 365 − 15

1 350

1) Faça as seguintes subtrações, usando o mesmo modo de calcular de Marcela.

a) $4\,385 - 2\,272 =$

b) $57\,453 - 16\,250 =$

2) Observe a operação e complete.

$$58 - 16 = 42$$

a) A operação efetuada é uma ....

b) O primeiro termo, representado pelo número 58, recebe o nome de
....

c) O segundo termo, representado pelo número 16, recebe o nome de
....

d) O resultado dessa operação recebe o nome de ....

3) Complete o quadro e calcule.

Minuendo	Subtraendo	Operação	Resto ou diferença
74	33		
283	190		

Capítulo 4 – Operações com números naturais

4 Arme e efetue.

a) 4 238 − 2 618 = ...

b) 4 434 − 2 528 = ...

c) 1 990 − 51 = ...

d) 2 935 − 1 050 = ...

e) 2 845 − 1 055 = ...

f) 4 234 − 2 431 = ...

○ Para descobrir o ano de cada invenção, escreva em ordem crescente o resultado das subtrações acima.

Ler, refletir e resolver

Faça em seu caderno

1 Veja no quadro o total de matrículas de duas escolas:

a) Quantos alunos estão matriculados em cada escola?

Escola	Meninos	Meninas
A	785	814
B	938	893

Escola A ⟶ ....

Escola B ⟶ ....

b) Em qual das escolas há mais meninos do que meninas? Quantos há a mais? ....

c) Em qual das escolas há menos meninos do que meninas? Quantos a menos?

....

2 Antônio comprou um livro de 64 páginas. No sábado leu 19 e no domingo leu 5 a mais do que no sábado. Quantas páginas ainda faltam para ele terminar o livro?

3 Rita e Sandra fazem docinhos para festas infantis. Numa semana, Rita fez 800 docinhos e Sandra, 650. Quantos docinhos Rita fez a mais que Sandra?

4 Um teatro tem capacidade para 250 pessoas. Já foram vendidos 195 ingressos para a apresentação de sábado. Quantos ingressos ainda estão à venda?

5 Marcos tinha em seu cofrinho 3 notas de R$ 10,00, 2 notas de R$ 2,00 e 4 moedas de R$ 1,00. Ele comprou uma bola de R$ 25,00. Quanto dinheiro Marcos ainda tem?

Interpretando tabelas

o Observe a tabela e responda:

Brasil nos Jogos Pan-Americanos – medalhas conquistadas				
Jogos	Ouro	Prata	Bronze	Total
2003 Santo Domingo	29	40	54	123
2007 Rio de Janeiro	52	40	65	157
2011 Guadalajara	48	35	58	141

a) Quantas medalhas de ouro o Brasil conquistou nos Jogos Pan-Americanos de Santo Domingo, em 2003? ....

b) Em que ano e cidade foram conquistadas mais de 50 medalhas de ouro?

....

c) No total, quantas medalhas o Brasil conquistou a mais nos Jogos Pan-Americanos do Rio de Janeiro em relação a:

   o Santo Domingo? ....

   o Guadalajara? ....

d) Quantas medalhas de bronze foram conquistadas a mais em Guadalajara, em relação a Santo Domingo? ....

e) Em que anos o Brasil conquistou o mesmo número de medalhas de prata? ....

f) Quantas medalhas de ouro foram conquistadas a mais no Rio de Janeiro, em relação a Santo Domingo? ....

Prova real da adição e da subtração

Pode-se usar a adição para conferir se uma subtração está correta.

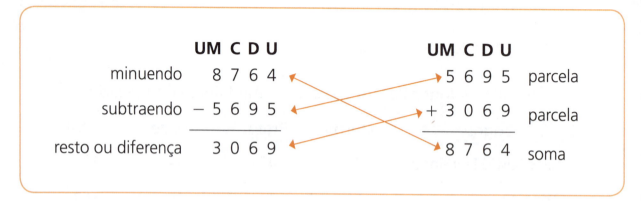

A **adição** e a **subtração** são **operações inversas**, ou seja, o que uma faz a outra desfaz.

Por isso pode-se usar a subtração para verificar se uma adição está correta. Observe:

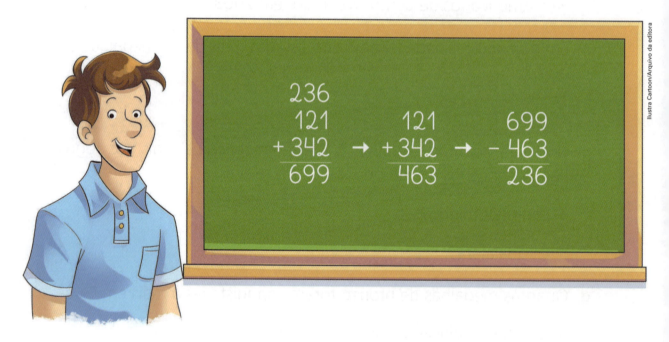

Veja outro exemplo:

$$97 - 65 = 32$$

```
   9 7            6 5
 − 6 5          + 3 2
 ─────          ─────
   3 2            9 7
```

1 Efetue as adições e verifique se estão corretas aplicando a operação inversa:

a)
```
   3 2 6
+      8
```

b)
```
   2 4 9
+    4 9
```

c)
```
  4 5 8 3 0
+     7 3 5
```

d)
```
   3 2 7
   4 3 2
+    2 5
```

2 Efetue as subtrações e verifique se estão corretas aplicando a operação inversa:

a)
```
   9 7
 − 6 5
```

b)
```
   7 1 3 3
 − 2 3 1 6
```

c)
```
   1 8 0
 −   7 7
```

d)
```
   4 8 7 5
 − 2 8 9 4
```

3 Continue fazendo as subtrações e as adições. Depois confira os resultados usando a operação inversa.

a) 384 − 26 = ...

c) 326 + 49 = ...

b) 4 598 − 3 921 = ...

d) 652 + 397 + 42 = ...

4 Descubra os números que faltam em cada operação:

a)
```
    4 2 3 6
+   1 8 3 4
    -------
    6 0 7 0
```

c)
```
    2 7 3 4
-   1 4 8 3
    -------
    1 2 5 1
```

b)
```
    2 3 4 8
+   1 7 4 1
    -------
    4 0 8 9
```

d)
```
      9 3 6
-     4 1 8
      -----
      5 1 8
```

5 Descubra o preço das mercadorias e complete os quadros.

Preço: R$ 1 049,00
Desconto: R$ 50,00
Preço final: R$ 999,00

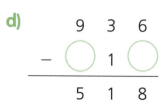

Preço: R$ 322,00
Desconto: R$ 42,00
Preço final: R$ 280,00

Preço: R$ 2 300,00
Desconto: R$ 210,00
Preço final: R$ 2 090,00

Preço: R$ 1 300,00
Desconto: R$ 120,00
Preço final: R$ 1 180,00

Expressões numéricas: adição e subtração

Carina ganhou 4 balas de mel e 5 de morango. Deu 2 balas à sua prima. Com quantas balas Carina ficou?

4 + 5 − 2 =

9 − 2 = 7

Carina ficou com 7 balas.

Nessa situação-problema, temos uma expressão numérica, isto é, mais de uma operação a ser realizada. Observe:

4 + 5 − 2

> **Expressão numérica** é uma sequência de números ligados por sinais de operação.

A expressão numérica representa uma única ideia de quantidade, e há várias formas de obtê-la.

Em uma expressão numérica como essa, na qual há apenas adição e subtração, podemos resolver essas operações na ordem em que aparecem.

Veja que as expressões numéricas podem ser resolvidas por etapas:

$$25 + 3 - 7 =$$
$$28 - 7 = 21$$

$$48 - 5 + 10 =$$
$$43 + 10 = 53$$

$$386 - 41 - 11 + 75 =$$
$$345 - 11 + 75 =$$
$$334 + 75 = 409$$

Os parênteses determinam a ordem das operações. Nesses casos, efetuamos primeiro as operações dentro dos parênteses.

É a sua vez de completar e resolver as expressões numéricas:

a) 23 + 4 − 5 =

_____ − 5 = _____

b) 406 + 24 − 28 + 150 =

_____ − 28 + 150 =

_____ + 150 = _____

c) 216 − (43 + 62) =

216 − 105 = _____

d) 97 − 18 + (25 + 13) =

97 − 18 + _____ =

_____ + 38 = _____

Ler, refletir e resolver

Resolva os problemas usando uma expressão numérica.

1 Beto fez uma lista com o nome dos colegas que iria convocar para os jogos organizados pela escola. Ele chamou 59 alunos. Bia sugeriu mais 16. Desse total, 23 não compareceram e 3 dos que foram não puderam jogar. Porém vieram 8 que não estavam na lista. Quantas crianças participaram dos jogos?

2 Em uma caixa, havia 340 laranjas. Foram retiradas 42 para o suco da merenda escolar e 8 para fazer bolos de laranja. Quantas laranjas ficaram na caixa?

3 No carrinho de sorvetes de seu João, havia 38 picolés de chocolate, 25 de coco e 16 de maracujá. Foram vendidos 47 picolés ao todo. Quantos restaram?

Ideias em ação

Algarismos romanos

Material necessário
- régua
- tesoura sem pontas
- cola
- folha do **Caderno de ideias em ação**

Nesta Unidade, você estudou um pouco da história dos números, em particular os números romanos. Você já sabe escrever esses números de 1 a 6 com facilidade? Se ainda não sabe, retome suas escritas.

Nesta atividade, você vai construir dois dados.

Um deles será numerado com algarismos indo-arábicos de 1 a 6 e o outro com os correspondentes algarismos romanos.

Use a folha do **Caderno de ideias em ação**.

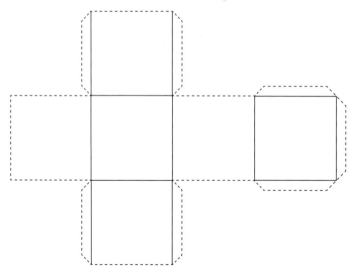

Antes de recortar e colar as partes por suas abas, escreva um algarismo de 1 a 6 em cada face da primeira planificação e os algarismos romanos correspondentes em cada face da outra.

Agora, recorte e cole as partes.

Verifique se os seus dados ficaram iguais aos dos colegas e se os números escritos ficaram visíveis do lado de fora da figura.

Use os dados formados para jogar "par ou ímpar" com um colega.

Cada jogador lança os dois dados para o alto e diz em voz alta o que vai dar a soma dos algarismos dos dois dados: par ou ímpar? Estipulem quantas rodadas vocês farão.

Ganha o jogo quem acertar mais vezes.

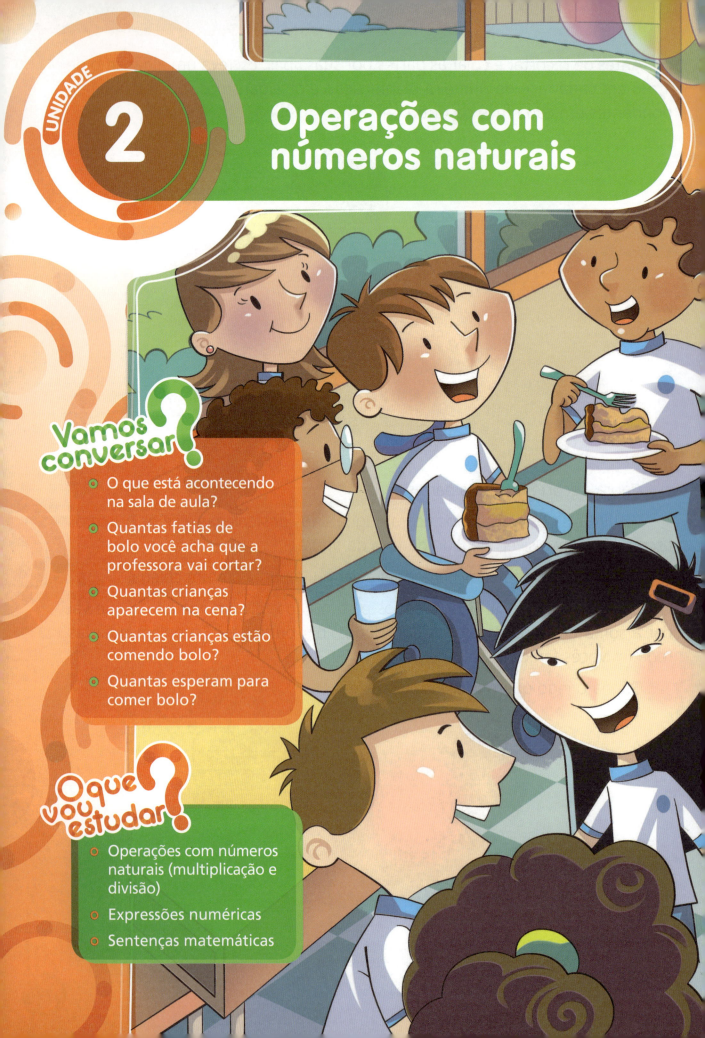

UNIDADE 2
Operações com números naturais

Vamos conversar?

- O que está acontecendo na sala de aula?
- Quantas fatias de bolo você acha que a professora vai cortar?
- Quantas crianças aparecem na cena?
- Quantas crianças estão comendo bolo?
- Quantas esperam para comer bolo?

O que vou estudar?

- Operações com números naturais (multiplicação e divisão)
- Expressões numéricas
- Sentenças matemáticas

Capítulo 5 — Operações com números naturais

● Multiplicação

Adição de parcelas iguais

Observe a imagem do estacionamento de um supermercado. Quantos carros há no total?

São 4 filas de carros e há 5 carros em cada fila. Podemos calcular o total de carros assim:

$$5 + 5 + 5 + 5 = 20$$

São quatro parcelas de 5 que equivalem à multiplicação: $4 \times 5 = 20$.

Ilustrações: Ilustra Cartoon/Arquivo da editora

Organização retangular

Com a mesma quantidade de moedas, foram formados dois grupos. Em qual dos grupos é mais fácil calcular o total de moedas?

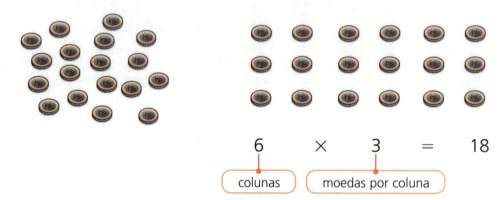

$$6 \quad \times \quad 3 \quad = \quad 18$$
colunas — moedas por coluna

As fileiras podem ser chamadas de linhas ou colunas.

Veja como podemos indicar a adição de parcelas iguais:

$$6 \quad \times \quad 3 \quad = \quad 18$$
fator — fator — produto

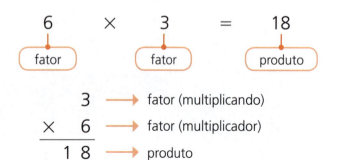

3 → fator (multiplicando)
× 6 → fator (multiplicador)
1 8 → produto

Operação: multiplicação

Sinal da operação: × (vezes)

Termos: fatores (multiplicando e multiplicador)

Resultado: produto

Atividades

1 Responda fazendo multiplicações.

a) Quantos lápis há ao todo?

....

b) Quantas flores há ao todo?

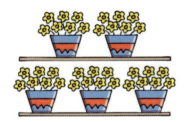

....

c) Quantos doces há na caixa?

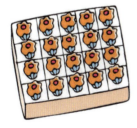

....

d) Quantas garrafas de suco há na caixa?

....

e) Quantos pés de alface há na horta?

....

f) Quantas carteiras há na sala?

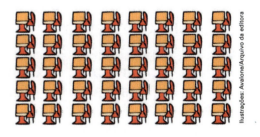

....

2 Efetue.

UM	C	D	U
2	1	9	4
×			3

UM	C	D	U
2	3	4	0
×			4

UM	C	D	U
	8	4	5
×			9

Multiplicação: combinações possíveis

Rodrigo tem 3 calças, uma preta, uma verde e outra azul, e tem 5 camisas, nas cores branca, azul, amarela, vermelha e verde. De quantas maneiras ele pode se vestir?

Para saber a resposta, basta usar a multiplicação. Como tem 3 calças e 5 camisas de cores diferentes, ele pode se vestir de 3 × 5 = 15 maneiras.

Também podemos ajudar Rodrigo a encontrar as combinações usando uma **árvore de possibilidades**.

o Outra maneira de encontrar as combinações possíveis é usando uma **tabela**. Complete-a.

	Camisa branca	Camisa azul	Camisa amarela	Camisa vermelha	Camisa verde
Calça verde	calça verde e camisa branca	calça verde e camisa azul			
Calça azul	calça azul e camisa branca	calça azul e camisa azul			
Calça preta					

Capítulo 5 – Operações com números naturais

1 Um time de futebol tem 2 calções (um preto e um azul) e 3 camisas (uma branca, uma amarela e uma azul). Construa a árvore de possibilidades. De quantas maneiras o time poderá se apresentar?

....

2 Observe o cartaz da lanchonete e responda às questões:

a) Renata decidiu comer um misto-quente com suco de uva, mas ainda não escolheu o picolé. Quais são as combinações que ela pode fazer?

....

....

b) Marcela já escolheu hambúrguer e picolé de morango. Quais são as combinações possíveis?

....

....

c) Quantas são as combinações possíveis oferecidas pela lanchonete?

....

Propriedades da multiplicação

Comutativa

Numa multiplicação a ordem dos fatores não altera o produto.

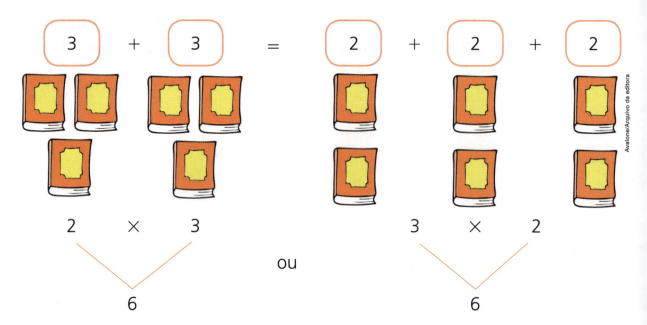

Associativa

Numa multiplicação com três fatores é possível associá-los de maneiras diferentes e o resultado será o mesmo.

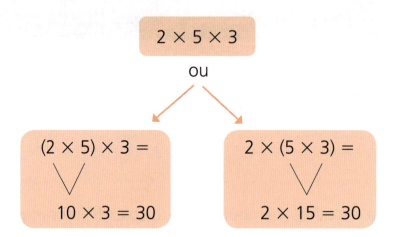

Elemento neutro – número 1

Multiplicando um número natural por 1 obtém-se o próprio número.

$7 \times 1 = 7$

$1 \times 7 = 7$

$5 \times 1 = 5$

$1 \times 5 = 5$

Atividades

1 Efetue as multiplicações usando a propriedade comutativa.

a) 2 × 5 = ...

    5 × 2 = ...

b) 3 × 9 = ...

....

c) 5 × 7 = ...

....

d) 5 × 8 = ...

....

e) 3 × 4 = ...

....

f) 6 × 9 = ...

....

2 Efetue as multiplicações usando a propriedade associativa. Veja o exemplo.

(2 × 3) × 4 = ← 2 × 3 × 4 → 2 × (3 × 4) =

6 × 4 = 24   2 × 12 = 24

a) 3 × 5 × 4 =

....

....

b) 3 × 2 × 6 =

....

....

c) 2 × 4 × 5 =

....

....

d) 2 × 7 × 5 =

....

....

3 Escreva a propriedade aplicada:

a) 3 × (4 × 2) = (3 × 4) × 2 ⟶ ....

b) 7 × 8 = 8 × 7 ⟶ ....

c) 6 × 1 = 1 × 6 = 6 ⟶ ....

d) 3 × 6 = 6 × 3 ⟶ ....

Multiplicação com dois algarismos no multiplicador

Observe o problema que Gustavo tinha para resolver:

- Em uma escola, há 14 turmas com 35 alunos em cada uma. Quantos alunos há na escola?

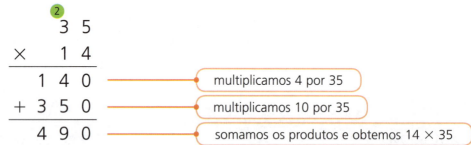

$14 \times 35 = \square$

```
   3 5
 × 1 4
 ─────
   ☐
```

Veja que multiplicar por 14 é o mesmo que multiplicar por 10 + 4. Então, fazemos:

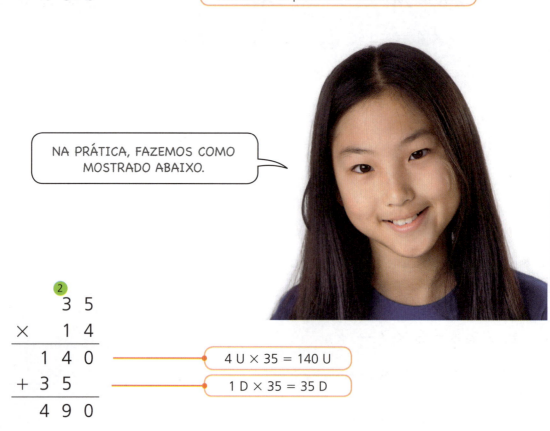

NA PRÁTICA, FAZEMOS COMO MOSTRADO ABAIXO.

1 Resolva as multiplicações.

a) 4 7
   × 1 3

b) 2 3
   × 3 6

c) 7 5
   × 4 7

d) 2 5 0
   ×   1 5

2 Calcule do jeito que preferir.

a) 18 × 12 = ...

b) 25 × 15 = ...

c) 135 × 25 = ...

d) 214 × 34 = ...

3 Arme e efetue:

a) 748 × 22 = ...

c) 328 × 53 = ...

b) 1 008 × 34 = ...

d) 2 300 × 78 = ...

Ler, refletir e resolver

Faça em seu caderno

1 A piscina da escola tem 50 metros de comprimento. Na aula de Educação Física, Ana fez esse percurso duas vezes. Quantos metros Ana nadou?

2 Um álbum tem 24 páginas. Em cada página há 8 fotografias. Quantas fotos há no álbum?

3 Um prédio tem 7 andares. Em cada andar há 9 apartamentos. Quantos apartamentos há no prédio?

4 Para colocar piso no terraço da casa de Joana, os pedreiros usaram 23 caixas com 42 pisos cada uma. Quantos pisos foram utilizados?

5 A escola de Rodrigo organizou uma excursão. Para isso alugou 4 ônibus de 35 lugares. Sabendo que em cada ônibus 6 lugares não foram ocupados, quantos alunos foram ao passeio?

6 Em uma estante, há 12 prateleiras com 27 livros cada uma. Quantos livros há na estante?

Multiplicação por 10, 100 e 1000

Multiplicação por 10

```
   1 0
   1 0
   1 0
+  1 0
─────
   4 0
```
ou   4 × 10 = 40

PARA MULTIPLICAR UM NÚMERO NATURAL POR 10, BASTA ACRESCENTAR UM ZERO À DIREITA DESSE NÚMERO.

Multiplicação por 100

100 + 100 + 100 = 300   ou   3 × 100 = 300

PARA MULTIPLICAR UM NÚMERO NATURAL POR 100, BASTA ACRESCENTAR DOIS ZEROS À DIREITA DESSE NÚMERO.

Multiplicação por 1000

1000 + 1000 + 1000 + 1000 = 4000   ou   4 × 1000 = 4000

PARA MULTIPLICAR UM NÚMERO NATURAL POR 1000, BASTA ACRESCENTAR TRÊS ZEROS À DIREITA DESSE NÚMERO.

Atividades

1 Uma revista custa 10 reais. Calcule o preço de:

5 revistas – ....

15 revistas – ....

21 revistas – ....

10 revistas – ....

2 Explique, com suas palavras, como você faz para multiplicar um número natural por 10, por 100 e por 1 000. Dê exemplos para cada caso.

a) 10

....

....

....

b) 100

....

....

....

c) 1 000

....

....

....

3 Calcule:

a) 3 × 10 = ...

b) 4 × 100 = ...

c) 7 × 1 000 = ...

d) 36 × 100 = ...

e) 85 × 10 = ...

f) 267 × 100 = ...

g) 8 × 10 = ...

h) 9 × 1 000 = ...

i) 12 × 100 = ...

j) 137 × 10 = ...

k) 81 × 1 000 = ...

l) 612 × 100 = ...

4 Faça a decomposição dos números. Veja o exemplo:

UM	C	D	U
3	5	6	9

→ 3 × 1 000 + 5 × 100 + 6 × 10 + 9

   3 000   +   500   +   60   + 9 = 3 569

UM	C	D	U
5	7	3	6

→

UM	C	D	U
2	4	8	3

→

Multiplicação com números terminados em zero no multiplicador

VAMOS RECORDAR!

```
   3 2
×  2 0
-------
 6 4 0
```

Multiplicar por 20 é o mesmo que multiplicar por 2×10. Isto é, multiplicamos por 2 e, ao acrescentar um zero à direita do número, multiplicamos por 10.

```
      ¹
      3 5
×   3 0 0
---------
1 0 5 0 0
```

Multiplicar por 300 é o mesmo que multiplicar por 3×100; por 400 → 4×100; por 500 → 5×100, e assim sucessivamente.

```
        ¹
        3 7
×   2 0 0 0
-----------
  7 4 0 0 0
```

Multiplicar por 2 000 é o mesmo que multiplicar por 2×1000; por 3 000 → 3×1000; por 4 000 → 4×1000, e assim por diante.

Dobro, triplo, quádruplo, quíntuplo

O dobro de um número é igual a 2 vezes o número.

O triplo de um número é igual a 3 vezes o número.

O quádruplo de um número é igual a 4 vezes o número.

O quíntuplo de um número é igual a 5 vezes o número.

   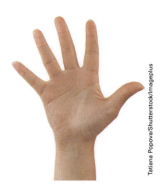

Dobro: × 2   Triplo: × 3   Quádruplo: × 4   Quíntuplo: × 5

Atividades

1 Efetue:

a) 36 × 30

b) 45 × 40

c) 81 × 80

d) 63 × 90

e) 183 × 30

f) 326 × 800

g) 427 × 3000

h) 248 × 5000

2 Calcule mentalmente e responda às questões.

a) Um inseto tem 6 pernas. Quantas pernas têm 10 insetos?

....

b) No verão um sorveteiro vende, em média, 200 picolés por dia. Quantos picolés ele vende em uma semana?

....

3 Observe a quantidade de produtos que há em cada embalagem. Escreva quantas unidades a papelaria comprou.

a) 10 caixas de cola ⟶ .... tubos de cola

b) 15 pacotes de caderno ⟶ .... cadernos

c) 20 caixas de caneta ⟶ .... canetas

d) 50 caixas de borracha ⟶ .... borrachas

4 Complete o quadro.

Quantidade	Dobro	Triplo	Quádruplo	Quíntuplo
60 balas				
51 chocolates				
27 flores				
32 morangos				

5 Complete com os símbolos >, < ou =.

a) Dobro de 3 _____ triplo de 2

b) Quíntuplo de 8 _____ dobro de 20

c) Quádruplo de 7 _____ triplo de 9

d) Quádruplo de 5 _____ triplo de 7

e) Triplo de 9 _____ quíntuplo de 5

6 Para contar os bombons, Maria começou da esquerda para a direita. Cada pacote tem o dobro da quantidade do pacote à sua esquerda.
Observe, pense e complete.

a) No primeiro pacote, há _____ bombons.

b) No segundo pacote, há _____ bombons.

c) No terceiro pacote, há _____ bombons.

Ler, refletir e resolver

1 Luciana tem 9 anos. Seu pai tem o quádruplo de sua idade. Quantos anos tem o pai de Luciana?

2 A coleção de Pedro tem 57 chaveiros. A coleção de Paulo tem o triplo. Quantos chaveiros tem a coleção de Paulo?

3 No mês passado, o senhor Carlos colheu em seu sítio 2 centenas e meia de laranjas. Este mês ele colheu o dobro. Quantas laranjas o senhor Carlos colheu este mês?

4 Para a gincana da escola, a turma de Roberta arrecadou 127 quilos de alimentos não perecíveis para serem doados. A turma de Flávia arrecadou o quíntuplo. Quantos quilos de alimentos a turma de Flávia arrecadou a mais que a turma de Roberta?

Múltiplos de um número natural

O número 8 pode ser obtido pela multiplicação do 4 pelo 2 ou do 2 pelo 4:

$$4 \times 2 = 8 \qquad 2 \times 4 = 8$$

Então, também pode-se escrever que:

8 é múltiplo de 2 — 8 é 4 × 2

8 é múltiplo de 4 — 8 é 2 × 4

 Os múltiplos de um número natural são o produto desse número por um número natural qualquer.

A sequência dos múltiplos de um número natural

VAMOS ESCREVER ALGUNS MÚLTIPLOS DE 4.

$$0 \times 4 = 0 \qquad 5 \times 4 = 20$$
$$1 \times 4 = 4 \qquad 6 \times 4 = 24$$
$$2 \times 4 = 8 \qquad 7 \times 4 = 28$$
$$3 \times 4 = 12 \qquad 8 \times 4 = 32$$
$$4 \times 4 = 16 \qquad 9 \times 4 = 36$$

Obtemos, assim, a sequência dos múltiplos de 4: 0, 4, 8, 12, 16, 20, 24...

 Para obter a sequência dos múltiplos de um número natural qualquer, basta multiplicá-lo por 0, 1, 2, 3, 4, 5, 6, 7, 8, 9...

Agora observe as propriedades:

$0 \times 3 = 0 \qquad 0 \times 4 = 0 \qquad 0 \times 5 = 0 \qquad 0 \times 6 = 0$

 O **zero** é múltiplo de todos os números naturais.

$1 \times 3 = 3 \qquad 1 \times 4 = 4 \qquad 1 \times 5 = 5 \qquad 1 \times 6 = 6$

 Todo número natural é múltiplo de si mesmo.

Atividades

1 Observe as tabelas de multiplicação e responda.

6 × 0 = 0	7 × 0 = 0	8 × 0 = 0	9 × 0 = 0
6 × 1 = 6	7 × 1 = 7	8 × 1 = 8	9 × 1 = 9
6 × 2 = 12	7 × 2 = 14	8 × 2 = 16	9 × 2 = 18
6 × 3 = 18	7 × 3 = 21	8 × 3 = 24	9 × 3 = 27
6 × 4 = 24	7 × 4 = 28	8 × 4 = 32	9 × 4 = 36
6 × 5 = 30	7 × 5 = 35	8 × 5 = 40	9 × 5 = 45
6 × 6 = 36	7 × 6 = 42	8 × 6 = 48	9 × 6 = 54
6 × 7 = 42	7 × 7 = 49	8 × 7 = 56	9 × 7 = 63
6 × 8 = 48	7 × 8 = 56	8 × 8 = 64	9 × 8 = 72
6 × 9 = 54	7 × 9 = 63	8 × 9 = 72	9 × 9 = 81

a) Quais são os 5 primeiros múltiplos de:

6 ⟶ _____   7 ⟶ _____

8 ⟶ _____   9 ⟶ _____

b) Qual número é múltiplo de qualquer número?

_____

2 Faça um **X** na afirmativa verdadeira e reescreva as outras, de modo a torná-las corretas.

a) O múltiplo de um número natural é a soma desse número com um número natural qualquer. ○

b) O zero é múltiplo de todos os números naturais. ○

c) A sequência dos múltiplos de um número natural é finita. ○

_____

_____

_____

● Expressões numéricas: adição, subtração e multiplicação

Veja como Renato escreveu a expressão numérica para indicar a quantidade de iogurtes que cabem nesta caixa.

Na caixa há 16 iogurtes, sobrou espaço para mais 4.

$$4 \times 4 + 4$$
$$16 + 4 = 20$$

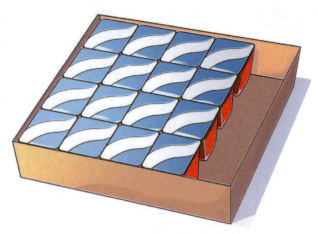

Veja agora a expressão que Renato tem para resolver:

$$7 + \boxed{3 \times 6} - 5 = \,?$$

QUE OPERAÇÃO DEVO FAZER PRIMEIRO?

QUANDO HÁ, NA MESMA EXPRESSÃO, OPERAÇÕES DE ADIÇÃO, SUBTRAÇÃO E MULTIPLICAÇÃO FAÇA PRIMEIRO A MULTIPLICAÇÃO E EM SEGUIDA AS ADIÇÕES OU SUBTRAÇÕES, OBEDECENDO A ORDEM EM QUE APARECEM.

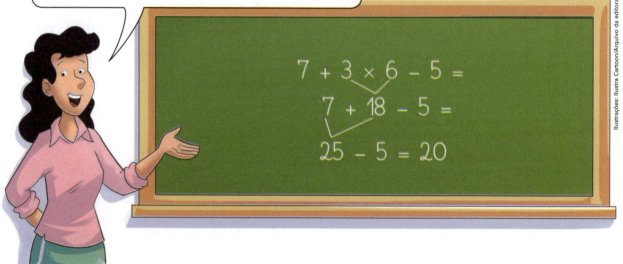

$$7 + 3 \times 6 - 5 =$$
$$7 + 18 - 5 =$$
$$25 - 5 = 20$$

Atividades

1 Usando operações diferentes, escreva uma expressão numérica que possa indicar as seguintes quantidades. Veja o exemplo:

3 × 5 + 10 + 1

a)  ....

b)  ....

c)  ....

Ilustrações: MW Editora Ilustrações Ltda./Arquivo da editora

2 Calcule o valor das expressões numéricas.

a) 25 − 3 × 5 + 8 =

b) 42 × 6 − 125 + 16 =

c) (31 × 4 + 8) − (15 + 16 × 5) =

d) 13 × 7 − 81 + 5 × 4 =

e) (2 × 80 − 37) + 5 × 17 =

f) (100 − 17 × 5) + (16 − 3 × 5) =

Divisão

Repartir igualmente

Na bandeja ainda restam 18 brigadeiros, que serão distribuídos em quantidades iguais entre 3 convidados. Quantos brigadeiros cada convidado receberá?

$18 \div 3 = 6$ Cada convidado receberá 6 brigadeiros.

Ideia de quantas vezes cabe

Dona Olga fez 72 empadas e vai arrumá-las em caixas para serem entregues em uma lanchonete. Em cada caixa cabem 9 empadas. De quantas caixas dona Olga precisará para embalar todas as empadas?

$72 \div 9 = 8$ Dona Olga precisará de 8 caixas.

Atividades

Leia, pense e resolva

1) Sueli comprou uma caixa com 24 bombons para distribuir igualmente entre 4 amigas.

a) Quantos bombons receberá cada amiga?

....

....

b) Na hora, Sueli resolveu dar os bombons para mais 2 amigas. Quantos bombons recebeu cada uma?

....

....

2) Rodrigo e mais 6 amigos deram a mesma quantia para comprar uma bola de futebol que custava R$ 35,00. Quantos reais cada um deu para comprar a bola?

....

....

3) As crianças estão esperando na fila para brincar no carrossel. Observe o desenho e calcule quantas rodadas serão necessárias para que todos da fila consigam brincar.

....

Divisão exata e divisão não exata

Quantas embalagens de 6 ovos serão necessárias para embalar 18 ovos?

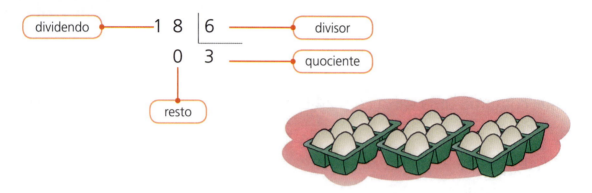

Serão necessárias 3 embalagens.

Essa divisão é exata porque serão utilizadas 3 embalagens e não sobrará nenhum ovo.

E para embalar 27 ovos, quantas embalagens de 6 ovos serão necessárias?

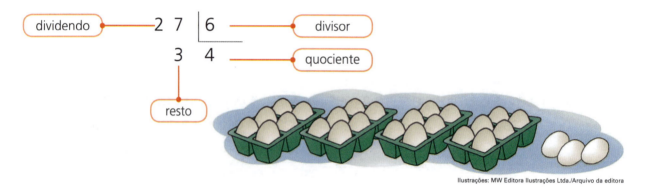

Serão necessárias 4 embalagens.

Essa divisão é não exata porque serão utilizadas 4 embalagens e sobrarão 3 ovos.

DIVIDENDO, DIVISOR, QUOCIENTE E RESTO SÃO OS TERMOS DA DIVISÃO.

1 Calcule mentalmente e assinale com um **X** as divisões exatas.

45 ÷ 5 ◯   19 ÷ 3 ◯

25 ÷ 4 ◯   36 ÷ 3 ◯

40 ÷ 8 ◯   81 ÷ 9 ◯

27 ÷ 8 ◯   63 ÷ 8 ◯

2 Os números do retângulo são os dividendos e os do triângulo, os divisores. Arme todas as divisões possíveis e efetue-as.

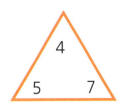

- Quantas das divisões efetuadas são não exatas? ....

Divisor com 1 algarismo

Vamos relembrar como efetuar as divisões.

Dividendo com 2 algarismos e divisor com 1 algarismo

Método longo

```
 D U
 4 5 | 3
-3   |___
     | 1 5   D U
 1 5
-1 5
─────
 0 0
```

NAS DEZENAS, TEMOS 4 ÷ 3 = 1 DEZENA; SOBRA 1 DEZENA.

Método breve

```
 D U
 4 5 | 3
 1 5 | 1 5
     | 0   D U
```

1 DEZENA SÃO 10 UNIDADES. 10 UNIDADES MAIS 5 UNIDADES SÃO 15 UNIDADES. 15 ÷ 3 = 5 UNIDADES; NÃO SOBRA NADA.

AS SUBTRAÇÕES EU FAÇO MENTALMENTE.

- Efetue:

36 | 2   72 | 3   97 | 3

38 | 3   94 | 5   85 | 3   54 | 3   68 | 4

Dividendo com 3 algarismos e divisor com 1 algarismo

Método longo	Método breve
C D U 2 7 8 | 2 −2 |¯¯¯¯ ─── | 1 3 9 0 7 C D U − 6 ─── 1 8 −1 8 ─── 0 0	C D U 2 7 8 | 2 0 7 | 1 3 9 1 8 C D U 0

Capítulo 5 – Operações com números naturais

- Efetue:

369 | 3   238 | 2   284 | 2

638 | 3   756 | 4   935 | 5

Agora observe como fazer uma divisão quando o primeiro algarismo do dividendo é menor que o divisor.

164 ÷ 3

COMO NÃO PODEMOS DIVIDIR 1 CENTENA EM 3 DE MODO A OBTER CENTENA, TROCAMOS 1 CENTENA POR 10 DEZENAS. JUNTANDO MAIS 6 DEZENAS, PASSAMOS A TER 16 DEZENAS.

Método longo	Método breve

C D U
1 6 4 | 3
−1 5   5 4
  0 1 4   D U
−   1 2
    0 2
	C D U
	1 6 4 | 3
	0 1 4 5 4
	    2 D U

Então, fazemos a divisão: **16 dezenas ÷ 3 dezenas = 5 dezenas**.

Resta 1 dezena, que trocamos por 10 unidades. Juntando com as 4 unidades, passamos a ter 14 unidades: **14 ÷ 3 = 4**. Restam 2 unidades.

- Efetue:

175 | 5   248 | 4   326 | 5

4 3 8 | 6   7 2 9 | 8   8 1 9 | 9

Veja agora o caso de surgir a necessidade do uso do zero no quociente.

DIVIDA AS CENTENAS: 4 ÷ 2 = 2 CENTENAS; NÃO SOBRAM CENTENAS. NA HORA DE DIVIDIR AS DEZENAS, COMO FAZER 1 ÷ 2?

Método longo	Método breve

C D U
4 1 8
	2
	− 4 2 0 9
	――― C D U
	0 1 8
	− 1 8
	――――
	0
		C D U
		4 1 8
			2
			0 1 8 2 0 9
			          C D U
			      0

Como não é possível dividir uma dezena por 2 para obter uma dezena, coloca-se 0 no quociente (0 dezena).

Troca-se então 1 dezena por 10 unidades. Juntando com as 8 unidades, temos 18 unidades. Dividem-se as unidades: 18 ÷ 2 = 9 unidades. Não resta nada.

- Efetue:

4 1 6 | 2   2 1 6 | 2   6 3 5 | 6

8 3 6 | 4   4 2 5 | 4   9 4 5 | 9

Divisão por 10, 100 e 1000

Para dividir um número (múltiplo de 10) por 10, cortamos um zero do número.

360 ÷ 10 = 36

Para dividir um número (múltiplo de 100) por 100, cortamos dois zeros do número.

3600 ÷ 100 = 36

Para dividir um número (múltiplo de 1000) por 1000, cortamos três zeros do número.

36000 ÷ 1000 = 36

Agora é a sua vez de calcular mentalmente os quocientes abaixo.

a) 8700 ÷ 100 = _____

b) 2700 ÷ 10 = _____

c) 25000 ÷ 1000 = _____

d) 15000 ÷ 100 = _____

e) 3100 ÷ 100 = _____

f) 16000 ÷ 1000 = _____

Que tal dividirmos os números abaixo por 100 e depois dividir por 10 o quociente obtido?

a) 9000

÷ 100 = _____ ÷ 10 = _____

b) 45000

÷ 100 = _____ ÷ 10 = _____

c) 72000

÷ 100 = _____ ÷ 10 = _____

d) 100000

÷ 100 = _____ ÷ 10 = _____

Divisor com 2 algarismos

Divisão exata

O DIVISOR TEM DOIS ALGARISMOS. E AGORA?

Método longo

```
  6 0 | 1 5
- 6 0   4
  ———
  0 0
```

Cálculos auxiliares

$60 \div 15 = ?$
$1 \times 15 = 15$
$2 \times 15 = 30$
$3 \times 15 = 45$
$\boxed{4 \times 15 = 60}$ ← quociente procurado
$60 - 60 = 0$

Método breve

```
6 0 | 1 5
0 0   4
```

Mentalmente

$60 \div 15 = ?$
$1 \times 15 = 15$
$2 \times 15 = 30$
$3 \times 15 = 45$
$\boxed{4 \times 15 = 60}$ ← quociente procurado

60 para 60 não falta nada

Divisão não exata

APLICA-SE O MESMO PROCESSO QUE USAMOS QUANDO O DIVISOR TEM SÓ UM ALGARISMO.

Método longo

```
  1 4 5 | 2 5
- 1 2 5   5
  —————
  0 2 0
```

Cálculos auxiliares

$145 \div 25 = ?$
$1 \times 25 = 25$
$2 \times 25 = 50$
$3 \times 25 = 75$
$4 \times 25 = 100$
$\boxed{5 \times 25 = 125}$ ← quociente procurado

$6 \times 25 = 150$ (superou)
$145 \div 25 = 5$
$145 - 125 = 20$

Método breve

```
1 4 5 | 1 5
0 2 0   5
```

Mentalmente

$145 \div 25 = ?$
$1 \times 25 = 25$
$2 \times 25 = 50$
$3 \times 25 = 75$
$4 \times 25 = 100$
$\boxed{5 \times 25 = 125}$ ← quociente procurado

$6 \times 25 = 150$ (superou)
$145 \div 25 = 5$
$145 - 125 = 20$

Atividades

1 Veja como Lucas encontrou o quociente e o resto da divisão.

$189 \div 30$

$30 \times 4 = 120$

$30 \times 5 = 150$

$30 \times 6 = 180$

```
  1 8 9 | 3 0
− 1 8 0   6
  0 0 9
```

 ○ Agora é sua vez. Efetue as divisões no caderno, determinando o quociente e o resto.

a) $570 \div 30 =$ _____

b) $318 \div 12 =$ _____

c) $845 \div 36 =$ _____

d) $264 \div 15 =$ _____

e) $819 \div 19 =$ _____

f) $578 \div 18 =$ _____

2 Efetue:

a) 84 | 16

b) 126 | 21

c) 114 | 19

d) 186 | 93

e) 92 | 45

f) 82 | 41

g) 137 | 32

h) 161 | 23

i) 54 | 21

j) 150 | 23

3 Antes de efetuar uma divisão, pode-se fazer uma estimativa do quociente. Veja a explicação da professora:

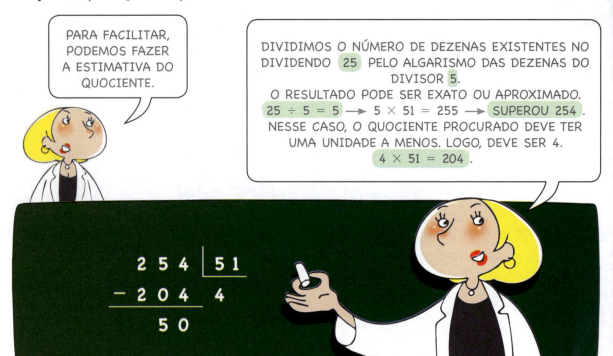

- Faça as estimativas dos quocientes. Depois arme e efetue as divisões.

   a) 157 ÷ 12 = _____   d) 176 ÷ 15 = _____

   b) 287 ÷ 25 = _____   e) 645 ÷ 52 = _____

   c) 828 ÷ 39 = _____   f) 1278 ÷ 11 = _____

Divisão: situação em que surge zero no quociente

Método longo	Cálculos auxiliares
$$\begin{array}{r|l} 3\ 4\ 1\ 4 & 3\ 3 \\ -\ 3\ 3 & 1 \\ \hline 0\ 1 & \end{array}$$	$34 \div 33 = ?$ $\boxed{1 \times 33 = 33}$ — quociente procurado $34 - 33 = 1$
$$\begin{array}{r|l} 3\ 4\ 1\ 4 & 3\ 3 \\ -\ 3\ 3 & 1 \\ \hline 0\ 1\ 1 & \end{array}$$	Para continuarmos o cálculo, abaixamos o algarismo 1 do número 3 414.
$$\begin{array}{r|l} 3\ 4\ 1\ 4 & 3\ 3 \\ -\ 3\ 3 & 1\ 0 \\ \hline 0\ 1\ 1\ 4 & \end{array}$$	Como 11 é menor que 33, não podemos efetuar a divisão. Então, acrescentamos 0 ao quociente para podermos abaixar o algarismo 4 do número 3 414.
$$\begin{array}{r|l} 3\ 4\ 1\ 4 & 3\ 3 \\ -\ 3\ 3 & 1\ 0\ 3 \\ \hline 0\ 1\ 1\ 4 & \\ -\ \ \ \ 9\ 9 & \\ \hline \ \ \ \ \ 1\ 5 & \end{array}$$	Assim, podemos terminar os cálculos: $114 \div 33 = ?$ $1 \times 33 = 33$ $2 \times 33 = 66$ $\boxed{3 \times 33 = 99}$ — quociente procurado $4 \times 33 = 132$ (superou) $114 \div 33 = 3$ $114 - 99 = 15$

Método breve	
$$\begin{array}{r|l} 3\ 4\ 1\ 4 & 3\ 3 \\ \ \ \ 1\ 1\ 4 & 1\ 0\ 3 \\ \ \ \ \ \ \ 1\ 5 & \end{array}$$	Seguimos o raciocínio do método longo, mas fazemos os cálculos mentalmente.

Atividades

1 Efetue.

a) 3 6 1 8 | 34

b) 2 7 2 4 | 25

c) 8 5 2 7 | 82

d) 1 8 6 3 | 23

e) 1 1 2 3 5 | 85

f) 4 3 3 8 | 41

g) 5 2 7 4 | 49

h) 8 7 2 | 75

i) 4 8 3 4 | 43

2 Arme e efetue no caderno. Depois escreva os resultados.

a) 328 ÷ 8 = _____

b) 936 ÷ 9 = _____

c) 842 ÷ 14 = _____

d) 390 ÷ 26 = _____

e) 5656 ÷ 28 = _____

f) 1902 ÷ 15 = _____

3 Calcule mentalmente e escreva os resultados:

a) 6 000 ÷ 3 000 = _____

b) 500 ÷ 50 = _____

c) 450 ÷ 90 = _____

d) 1 200 ÷ 40 = _____

e) 8 000 ÷ 20 = _____

f) 45 000 ÷ 500 = _____

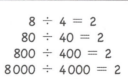

8 ÷ 4 = 2
80 ÷ 40 = 2
800 ÷ 400 = 2
8000 ÷ 4000 = 2

Capítulo 5 – Operações com números naturais

● **Ler, refletir e resolver**

● **Faça em seu caderno**

1) João colheu 15 dezenas de laranjas. Ele vai vendê-las em caixas, com 2 dezenas e meia em cada uma, por R$ 4,00. Quanto ele vai conseguir com a venda?

2) Jaqueline comprou pulseiras a R$ 7,00 cada uma. Gastou ao todo R$ 42,00. Quantas pulseiras ela comprou?

3) Um ônibus transporta 42 passageiros em cada viagem. Quantas viagens serão necessárias para transportar 210 passageiros?

4) Eu tenho um pacote com 320 balas de mel. Quantos saquinhos com 5 balas cada um poderei fazer?

5) Uma fábrica de roupas produziu 4 438 calças em 7 dias. Se ela mantiver a mesma produção diária, quantas calças produzirá em 30 dias?

6) Se 7 livros custam R$ 161,00, quanto custa cada um?

● MATEMÁTICA E DIVERSÃO

Maratona da divisão

Junte-se a um colega e participem da maratona da divisão. Para isso, usem a trilha que está na página seguinte.

Vocês vão precisar de:

- 1 dado
- 2 botões coloridos para marcar a posição de cada corredor

Como jogar?

- Cada corredor coloca seu botão na faixa de largada e lança o dado. Quem tirar o maior número de pontos começa a corrida.
- Para iniciar, cada corredor, na sua vez, lança o dado e avança o número de casas indicado.
- Para continuar, cada corredor lança o dado e constrói uma divisão em que o dividendo é o número da casa onde o botão estiver e o divisor é o número de pontos obtido no dado. O corredor deve avançar o número de casas correspondente ao "resto" da divisão. Se a divisão for exata, ele permanece no mesmo lugar.
- Perde a vez quem efetuar um cálculo incorreto.
- Vence a maratona quem primeiro alcançar a faixa de CHEGADA, sem que o número de pontos obtido no "resto" da divisão ultrapasse o limite.
- Caso o número de pontos ultrapasse a faixa de CHEGADA, o corredor retorna os pontos excedentes e aguarda a sua vez de jogar.

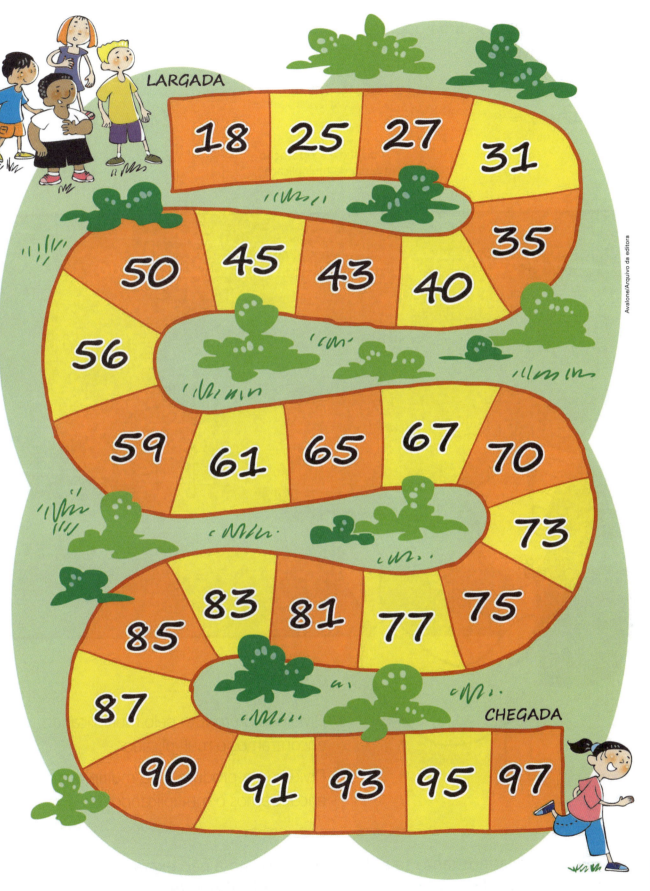

Prova real da multiplicação e da divisão

Para verificar se uma operação de multiplicação está correta, basta fazer a operação inversa:

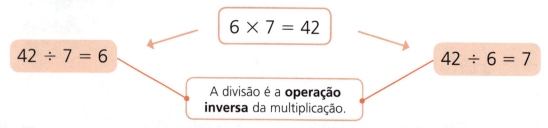

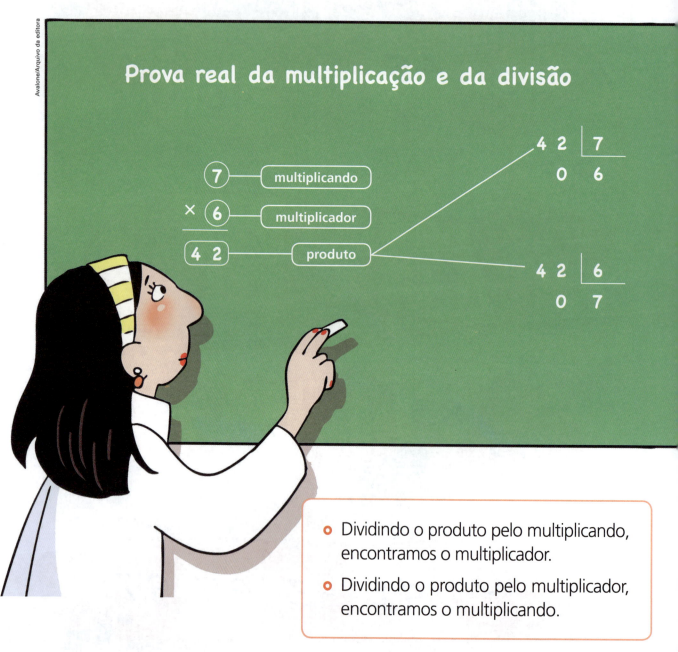

- Dividindo o produto pelo multiplicando, encontramos o multiplicador.
- Dividindo o produto pelo multiplicador, encontramos o multiplicando.

Para verificarmos tanto se a divisão exata como a não exata estão corretas, aplicamos a **multiplicação**, que é a **operação inversa da divisão**.

Divisão exata

MULTIPLICAMOS O QUOCIENTE PELO DIVISOR E ENCONTRAMOS O DIVIDENDO. ASSIM:
DIVIDENDO = QUOCIENTE × DIVISOR.

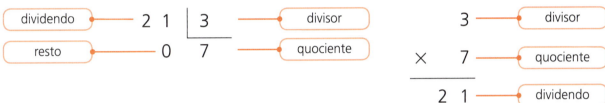

Divisão não exata

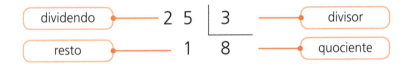

MULTIPLICAMOS O QUOCIENTE PELO DIVISOR E SOMAMOS O RESTO. O RESULTADO É IGUAL AO DIVIDENDO.
DIVIDENDO = QUOCIENTE × DIVISOR + RESTO.

Atividades

> VOCÊ PODE DIVIDIR O PRODUTO PELO MULTIPLICANDO OU PELO MULTIPLICADOR.

1 Efetue e tire a prova real.

a)
```
     8
×    9
```

d)
```
   1 7 2
×      6
```

b)
```
    1 5
×    3
```

e)
```
   1 3 6
×      5
```

c)
```
   2 1 2
×      4
```

f)
```
   3 2 0
×      7
```

2 Continue a efetuar. Depois tire a prova real.

a) 4 2 7 | 7

c) 7 4 | 6

b) 8 5 | 4

d) 7 2 9 | 8

Capítulo 5 – Operações com números naturais

Divisores de um número natural

Somente os números 1, 2, 4 e 8 dividem exatamente o número 8.

Portanto, 1, 2, 4 e 8 são **divisores** de 8. Também se pode dizer que 8 é **múltiplo** desses números.

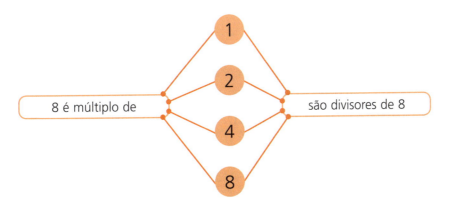

1, 2, 4 e 8 formam a sequência dos divisores de 8.

A sequência dos divisores de um número é finita.
O número 1 é o menor divisor de qualquer número natural.
O maior divisor de um número natural é o próprio número.

Atividades

1) Observe os seguintes quadros de divisão e responda.

2 ÷ 1 = 2 2 ÷ 2 = 1	3 ÷ 1 = 3 3 ÷ 3 = 1	4 ÷ 1 = 4 4 ÷ 2 = 2 4 ÷ 4 = 1	5 ÷ 1 = 5 5 ÷ 5 = 1
6 ÷ 1 = 6 6 ÷ 2 = 3 6 ÷ 3 = 2 6 ÷ 6 = 1	7 ÷ 1 = 7 7 ÷ 7 = 1	8 ÷ 1 = 8 8 ÷ 2 = 4 8 ÷ 4 = 2 8 ÷ 8 = 1	9 ÷ 1 = 9 9 ÷ 3 = 3 9 ÷ 9 = 1

a) Que número é divisor de todos os números? _____

b) Escreva todos os divisores dos números abaixo.

Número	Divisores
9	
6	
5	
2	

Número	Divisores
3	
7	
4	
8	

2) Engraçado! Ao tentar acertar o alvo, Marcelo acertou somente os divisores de 30. Que números ele acertou?

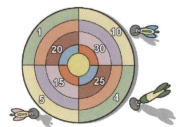

_____

3) Desafio! Leonardo pediu uma *pizza*, um suco de laranja e uma tortinha. Em quais produtos ele obteve o desconto? Quanto pagou no total?

_____
_____

Capítulo 5 – Operações com números naturais

Divisibilidade

Para verificar se um número é divisível por outro, efetuamos a divisão:

```
 4 8 6 | 2
 0 8     2 4 3
   0 6
     0
```
486 é divisível por 2, porque a divisão é exata.

```
 3 1 2 | 3
 0 1 2   1 0 4
     0
```
312 é divisível por 3, porque a divisão é exata.

Agora veja como é possível saber se um número é ou não divisível por outro, sem efetuar a divisão.

Divisibilidade por 2

Observe a sequência dos múltiplos de 2:

0, 2, 4, 6, 8, 10, 12, 14, 16, 18, 20, 22, 24, 26, 28, 30...

Todos os múltiplos de 2 são divisíveis por 2 e todos são números pares.

Um número é divisível por 2 quando é par.

Divisibilidade por 3

Observe a sequência dos múltiplos de 3:

0, 3, 6, 9, 12, 15, 18, 21, 24, 27, 30, 33, 36, 39, 42...

Note que em todos os múltiplos de 3, a soma dos valores absolutos de seus algarismos resulta em um múltiplo de 3.

18 é múltiplo de 3 → 1 + 8 = 9 → 9 é múltiplo de 3

42 é múltiplo de 3 → 4 + 2 = 6 → 6 é múltiplo de 3

Um número é divisível por 3 quando a soma dos valores absolutos de seus algarismos é um múltiplo de 3.

Divisibilidade por 5

Observe a sequência dos múltiplos de 5:

$$0, 5, 10, 15, 20, 25, 30, 35, 40, 45, 50, 55, 60...$$

Note que em todos os múltiplos de 5, o algarismo das unidades é 0 ou 5.

Um número é divisível por 5 quando termina em 0 ou em 5.

Divisibilidade por 9

Veja a sequência dos múltiplos de 9:

Um número é divisível por 9 quando a soma dos valores absolutos de seus algarismos é um número múltiplo de 9.

Divisibilidade por 10

Observe a sequência dos múltiplos de 10:

$$0, 10, 20, 30, 40, 50, 60, 70, 80, 90, 100, 110...$$

Em todos os múltiplos de 10, o algarismo das unidades é 0.

Um número é divisível por 10 quando termina em 0.

Atividades

1 Pinte os números divisíveis por 2.

1307   75   86   150   203

501   2904   600   708

2 Ligue ao 5 os números divisíveis por ele.

36   73

45   **5**   90

47   205

60   509

3 Circule os números divisíveis por 10.

23   35   40   100   135   150   190   305   400

4 Indique com um **X** se o número é divisível por 2, 3, 5 ou 10.

	2	3	5	10
315				
540				
906				

5 Observe os números e responda às perguntas.

21	40	20	12	99
4	50	54	2	16
13	63	3	14	10

a) Que números são divisíveis por 9?

....

b) Qual a soma dos números divisíveis por 3?

....

c) Qual a soma dos números divisíveis por 2?

....

6 Sem efetuar a divisão, verifique se os números abaixo são divisíveis por 9.

a) 189 → ....

b) 241 → ....

c) 386 → ....

d) 9 198 → ....

7 Justifique as afirmações a seguir.

a) 184 é divisível por 2 → ....

b) 85 é divisível por 5 → ....

c) 550 é divisível por 5 e 10 → ....

d) 45 é divisível por 3 → ....

....

Capítulo 5 – Operações com números naturais

Números primos

Observe os divisores dos números:

- divisores de 2 → 1, 2
- divisores de 3 → 1, 3
- divisores de 5 → 1, 5
- divisores de 8 → 1, 2, 4, 8
- divisores de 15 → 1, 3, 5, 15
- divisores de 18 → 1, 2, 3, 6, 9, 18

Os números 2, 3 e 5 possuem só dois divisores: o 1 e o próprio número.

Os números 8, 15 e 18 possuem mais de dois divisores.

> Os números naturais que possuem apenas dois divisores, o número 1 e o próprio número, são chamados **números primos**.
> Os números que possuem mais de dois divisores são chamados **números compostos**.

ATENÇÃO! O NÚMERO 1 NÃO É PRIMO NEM COMPOSTO, POIS TEM APENAS UM DIVISOR. O NÚMERO 2 É O ÚNICO NÚMERO PAR QUE É PRIMO.

- Complete de acordo com o que você aprendeu.

   a) Números .... são aqueles que possuem mais de dois divisores.

   b) Números .... são aqueles que possuem apenas dois divisores: o número 1 e o próprio número.

   c) O número .... é o único número par que é primo.

   d) O número .... não é primo nem composto, pois tem apenas um divisor.

1 Circule os números primos.

12   15   17   18   23   38   65   13   8

7   20   27   31   37   39   41   43   51

2 Escreva os números no quadro correspondente.

3   8   11   13

18   25   29   35

37   39   40   41

Números primos	Números compostos
....	....
....	....

3 Quantos e quais são os divisores de:

16?	17?
18?	23?
13?	41?
27?	44?
35?	59?

○ Dos números acima, quais são números primos? ....

Desafio

A IDADE DE CADA UMA DE MINHAS IRMÃS CORRESPONDE A TRÊS NÚMEROS PRIMOS MAIORES QUE 10 E MENORES QUE 20. A SOMA DAS IDADES É 49. QUAIS SÃO AS IDADES DE MINHAS IRMÃS?

....

Capítulo 5 – Operações com números naturais

Expressões numéricas: as quatro operações

Quando, em uma expressão numérica, aparecem as quatro operações, usamos regras, fazemos os cálculos na seguinte ordem:

1º Efetuamos a multiplicação e a divisão, na ordem em que aparecem.

2º Efetuamos a adição e a subtração, na ordem em que aparecem.

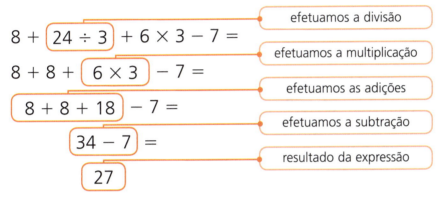

- Agora é a sua vez de calcular algumas expressões numéricas.

a) $24 \div 6 + 3 \times 7 - 5 =$

b) $7 \times 9 - 25 \div 5 + 6 =$

c) $12 + 48 \div 6 - 3 \times 5 =$

d) $185 \div 5 + 16 \times 3 - 17 =$

e) $25 \times 12 - 360 \div 24 =$

f) $45 - 4 \times 7 + 36 \div 12 =$

Ler, refletir e resolver

Resolva os problemas escrevendo uma expressão numérica.

1 Um comerciante vendeu 1 024 casacos durante o inverno. Ele ainda tem em estoque 10 caixas com 169 casacos cada uma. Quantos casacos ele tinha ao todo para vender?

....

2 Se em 12 bandejas, de mesma quantidade, há 420 salgadinhos, quantos salgadinhos haverá em 4 bandejas?

....

3 Diana e Flávia colecionam papéis de carta. Diana tem 384 e Flávia tem a metade. Quantos papéis de carta têm as duas juntas?

....

4 Um comerciante comprou 7 máquinas fotográficas iguais e pagou R$ 1 715,00. Quanto ele pagaria se comprasse só 2 máquinas fotográficas?

....

Expressões numéricas: uso dos parênteses

( ) parênteses

Observe como foram resolvidas estas expressões:

```
20 − (5 + 3) =          (7 + 8 − 3) ÷ 4 =         (35 ÷ 5 + 8) − (7 × 6 ÷ 3) =
20 −    8  = 12         (15 − 3) ÷ 4 =            (7 + 8)   −   (42 ÷ 3) =
                            12   ÷ 4 = 3           15       −      14    = 1
```

Usamos os parênteses quando queremos agrupar uma ou mais operações dentro de uma expressão. Observe o exemplo.

Uma loja tinha em estoque 615 tapetes. Durante uma promoção, foram vendidos 438. O restante será distribuído igualmente pela loja em 3 balcões. Quantos tapetes deverão ser colocados em cada balcão?

$$(615 − 438) ÷ 3 =$$
$$177 ÷ 3 = 59$$

Deverão ser colocados 59 tapetes em cada balcão.

Saiba mais

Além dos parênteses existem outros sinais de associação:

[ ] colchetes   { } chaves

Quando eles aparecem nas expressões, procedemos da seguinte maneira:

1º Efetuamos as operações que estão dentro dos parênteses.

2º Efetuamos as operações que estão dentro dos colchetes.

3º Efetuamos as operações que estão dentro das chaves.

A ordem das operações você já viu anteriormente.

Atividade

- Resolva as expressões numéricas.

a) $25 \div (8 \div 2 + 1) - 2 =$

b) $(30 - 2 \times 5) \div (4 \times 3 - 2) + 7 =$

c) $18 + (6 \times 5 + 2) \div 4 =$

d) $45 - (15 + 8 - 10) =$

e) $21 \div (2 \times 5 - 3) + 13 =$

f) $(16 \div 4 + 5) + (12 \div 3 \times 3) =$

g) $(36 \div 6 + 12) \div 9 =$

h) $(4 \times 9 - 4) \div 8 =$

i) $27 + (19 - 7) - 8 =$

j) $(20 - 5 + 8) \times 2 =$

Ler, refletir e resolver

Resolva escrevendo uma expressão numérica.

PARA RESOLVER ESTES PROBLEMAS, VOCÊ VAI PRECISAR USAR PARÊNTESES!

1 Ana Maria tinha R$ 30,00. Gastou R$ 24,00 em uma livraria e com o restante comprou 2 caixas de bombons. Quanto custou cada caixa de bombons?

2 Num depósito havia 7 536 goiabas, mas 912 estragaram. O restante foi entregue igualmente em 9 supermercados. Quantas goiabas recebeu cada supermercado?

3 Dona Fátima colheu 24 maçãs em seu pomar. Seu neto Pedro comeu 2 e sua neta Joana comeu 1. As maçãs que restaram serão distribuídas igualmente em 3 fruteiras. Quantas maçãs serão colocadas em cada fruteira?

O tema é...
Produção e consumo sustentáveis

Produção orgânica de hortaliças, Maringá (PR).

No Brasil, mais de 80% da população vive nas cidades. Isso quer dizer que, muitas vezes, um alimento viaja uma grande distância até chegar à mesa do consumidor.

Encontramos os produtos já embalados no comércio e não questionamos a sua origem. Mas certamente foram usados recursos naturais que não são inesgotáveis. A produtividade industrial sem controle ameaça o meio ambiente e a pergunta a ser feita é: qual é o limite de nossa real necessidade?

É por isso que atualmente se fala muito em **produção** e **consumo sustentáveis**.

O que isso significa? Significa usar os recursos naturais de maneira responsável, sem comprometer o meio ambiente e ao mesmo tempo atendendo às nossas necessidades. É o caso dos produtos orgânicos. Quando você compra um alimento com selo de certificação, sabe que está adquirindo um produto livre de fertilizantes químicos e agrotóxicos e em cuja produção respeitou-se, na medida do possível, os recursos naturais, não desmatando florestas, por exemplo.

De nossa parte, temos de ficar atentos aos recursos naturais e aos produtos que desperdiçamos: o excesso de água usada no banho ou para escovar os dentes, as luzes que ficam acesas desnecessariamente, o consumo de produtos com excesso de embalagens, plásticos e papéis que vão para o lixo, e os materiais que descartamos, mas que poderiam ser reutilizados.

Você já ouviu falar dos **5 Rs**? **Reciclar** materiais, **repensar** os hábitos, **reduzir** a produção de lixo, **reutilizar** os materiais ao máximo antes de descartá-los e **recusar** produtos que, de alguma forma, agridam o meio ambiente. É importante você pensar nessas cinco atitudes em seu dia a dia, pois assim estará ajudando a preservar o planeta em que vivemos.

Leia o texto e converse com os colegas e o professor sobre as questões abaixo. Durante a conversa esclareça possíveis dúvidas.

- Quais são as medidas que os produtores podem tomar para produzir alimentos mais sustentáveis?
- Você leu que a distância dos alimentos até a sua mesa pode ser grande. Os alimentos que são plantados vão direto para o consumidor? Por onde passam antes disso?
- Quais são os problemas do uso de fertilizantes químicos e agrotóxicos para o meio ambiente?
- Quais são as alternativas para evitar o excesso de desmatamento?
- Quanto ao consumo de bens e recursos naturais, você e sua família tomam os devidos cuidados? Quais? Vocês consideram atitudes como os 5 Rs?
- Qual é a diferença entre comprar uma espiga de milho ou uma lata de milho verde?

RESOLVA O PROBLEMA

Diariamente, um caminhão percorre 257 km entre duas cidades de um mesmo estado para entregar frutas e legumes. Quantos quilômetros percorrerá se fizer esse mesmo percurso durante todos os dias de uma semana? Lembre-se de que o caminhão precisa ir e voltar!

E se o caminhão fizer 10 viagens de ida e volta, quanto percorrá?

Considere os valores aproximados para calcular o valor a ser pago pelo consumo de água em uma determinada cidade:

Até 10 000 L, paga-se o valor mínimo de R$ 12,00.

A cada mil litros excedentes, são cobrados R$ 2,00.

Crie uma expressão matemática para calcular o custo de uma família que consumiu 18 000 L de água em um mês. A seguir, resolva a expressão, obtendo o resultado.

Capítulo 6 — Sentenças matemáticas

■ + 4 = 12
■ = 12 − 4
■ = 8

■ − 5 = 10
■ = 10 + 5
■ = 15

VEJA COMO SE DESCOBRE O SEGREDO DESTES NÚMEROS.

■ × 6 = 36
■ = 36 ÷ 6
■ = 6

■ ÷ 3 = 18
■ = 18 × 3
■ = 54

● Expressão com valor desconhecido

Para calcular o valor do ■, aplicamos a operação inversa.

Observe:

■ + 5 = 7
■ = 7 − 5
■ = 2

Para a adição, aplicamos a subtração.

■ × 8 = 32
■ = 32 ÷ 8
■ = 4

Para a multiplicação, aplicamos a divisão.

■ − 5 = 12
■ = 12 + 5
■ = 17

Para a subtração, aplicamos a adição.

■ ÷ 5 = 9
■ = 9 × 5
■ = 45

Para a divisão, aplicamos a multiplicação.

Ler, refletir e resolver

1 Qual é o número que, dividido por 8, é igual a 60?

2 O dobro de um número é 430. Qual é esse número?

3 Ígor tinha algumas figurinhas. Ganhou 41 e ficou com 86. Quantas figurinhas Ígor tinha?

4 O quíntuplo das goiabas que Cecília colheu em seu sítio é igual a 380. Quantas goiabas ela colheu?

● Lendo e construindo tabelas e gráficos

1 Observe na tabela os esportes que ganharam medalhas para o Brasil nas olimpíadas até 2012 e responda às perguntas.

ESPORTES QUE GANHARAM MEDALHAS	ATLETISMO	JUDÔ	VÔLEI	NATAÇÃO	FUTEBOL	BASQUETE	BOXE
OURO	4	3	6	1	0	0	0
PRATA	3	3	9	4	5	1	1
BRONZE	7	13	5	8	2	4	3
TOTAL	14	19	20	13	7	5	4

Disponível em: <www.quadrodemedalhas.com/olimpiadas/brasil-jogos-olimpicos.htm>. Acesso em: 6 mar. 2015.

a) Que esporte trouxe mais medalhas em todas as olimpíadas? ....

b) Que esporte trouxe menos medalhas? ....

c) Que esportes não conseguiram medalhas de ouro?

....

2 Observando a tabela acima, continue a colorir as colunas para mostrar o número de medalhas conquistadas por atletas dos seguintes esportes:

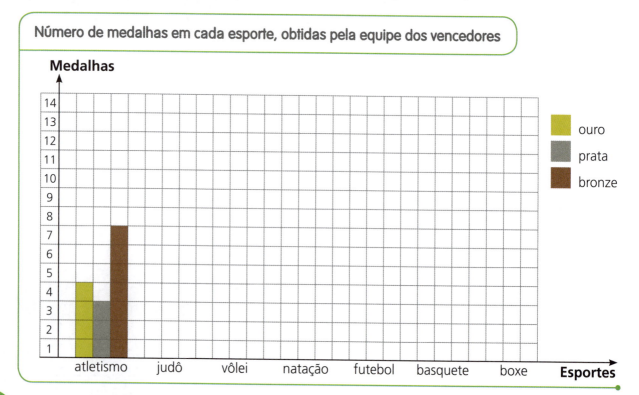

3) Seu professor fará uma pesquisa para saber quais são os esportes preferidos pelos alunos da classe. Cada aluno só poderá escolher uma modalidade da tabela a seguir. Anote um | para indicar o esporte preferido de cada um, incluindo você. Depois, complete o gráfico com os dados obtidos:

Esportes preferidos dos alunos	
Natação	
Futebol	
Vôlei	
Judô	
Basquete	
Tênis	

Número de alunos que preferem cada esporte

Ideias em ação

Operações com números naturais: dominó de multiplicações e divisões

Material necessário
- régua
- tesoura sem pontas
- folhas do **Caderno de ideias em ação**

Nesta Unidade, você estudou as operações e as expressões numéricas com números naturais.

Agora você vai construir um jogo. Recorte as fichas do **Caderno de ideias em ação**.

Reúna-se com dois colegas para jogar.

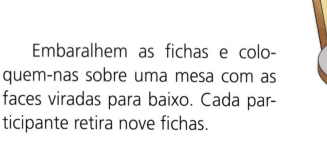

Embaralhem as fichas e coloquem-nas sobre uma mesa com as faces viradas para baixo. Cada participante retira nove fichas.

No par ou ímpar, decidam quem vai começar. Esse jogador vira a ficha que sobrou na mesa.

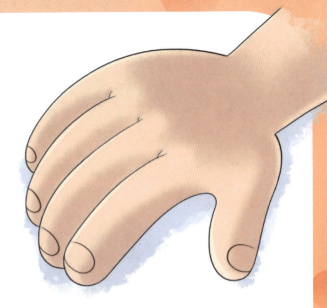

Em seguida, verifica se tem uma ficha com o resultado da operação ou com a operação cujo resultado consta da ficha colocada em jogo.

Se tiver, deve colocá-la ao lado da primeira ficha, como em um dominó comum.

Se o jogador não tiver a ficha correspondente, passa a vez ao próximo, e assim sucessivamente.

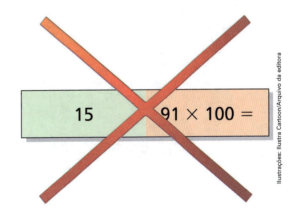

Vence o jogo quem conseguir encaixar todas as suas fichas.

UNIDADE 3
Geometria, números fracionários e medidas de tempo

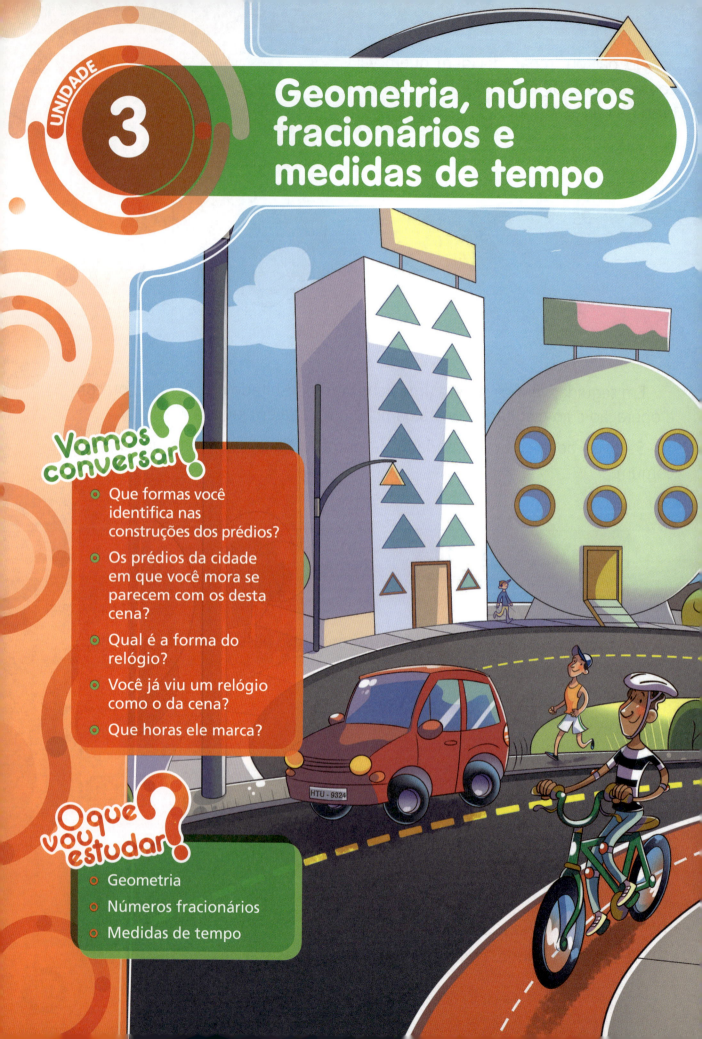

Vamos conversar?

- Que formas você identifica nas construções dos prédios?
- Os prédios da cidade em que você mora se parecem com os desta cena?
- Qual é a forma do relógio?
- Você já viu um relógio como o da cena?
- Que horas ele marca?

O que vou estudar?

- Geometria
- Números fracionários
- Medidas de tempo

Capítulo 7 — Geometria

OED

Assim como os números, as formas geométricas fazem parte de nosso dia a dia.

Museu de Arte de São Paulo (Masp), São Paulo.

Pirâmides de Quéops, Quéfren e Miquerinos, Egito.

Catedral de Nossa Senhora da Glória, Maringá (PR).

Sólidos geométricos

As construções e os objetos têm diferentes formas:

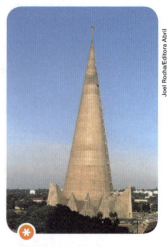

cubo

paralelepípedo

pirâmide

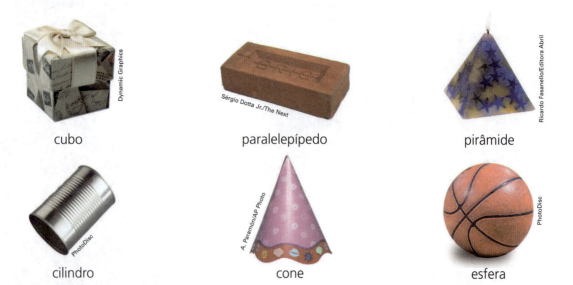

cilindro

cone

esfera

As formas geométricas desses objetos se parecem com **sólidos geométricos**.

Os sólidos geométricos que rolam são chamados **redondos** e os que não rolam, **poliedros**.

1. Escreva se os objetos abaixo rolam ou não rolam.

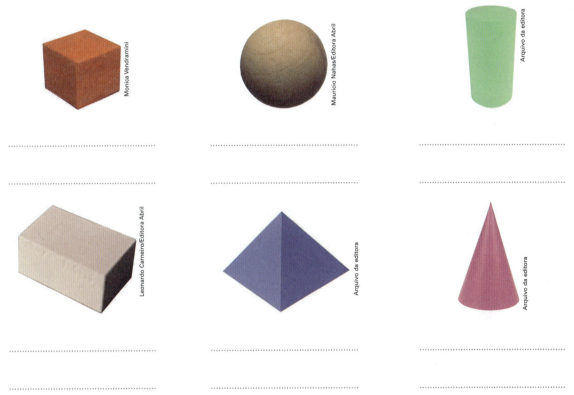

2. Marque (**1**) no que é poliedro e (**2**) no que é redondo.

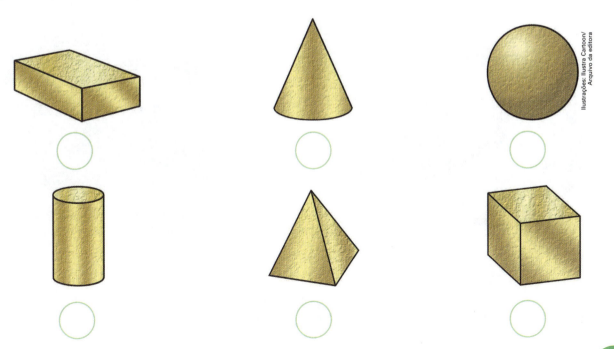

Faces, vértices e arestas

Observe o paralelepípedo:

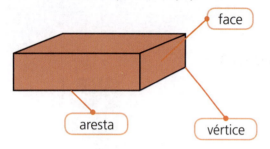

A superfície desse sólido é formada por partes planas, as faces.

O encontro de duas faces é chamado aresta.

O encontro de três arestas determina um vértice.

O paralelepípedo tem 6 faces, 12 arestas e 8 vértices.

Ideia de ângulo

Os ângulos podem ser observados na natureza e em diversos objetos criados pelo ser humano.

Os candangos, de Bruno Gorgi, Brasília (DF).

Ângulo é a figura geométrica formada por duas semirretas que têm a mesma origem.

- Observe os poliedros e complete o quadro:

Forma geométrica	Número de faces (F)	Número de vértices (V)	Número de arestas (A)	Número de faces + número de vértices (F + V)	Número de arestas + 2 (A + 2)

As duas últimas colunas do quadro sugerem a seguinte afirmação:

Em todo poliedro o número de faces mais o número de ....

é igual ao número de .... mais dois.

● Medida de ângulo

A medida de um ângulo é a medida de sua "abertura".

A unidade de medida do ângulo é o **grau**.

O instrumento usado para medir um ângulo é o **transferidor**.

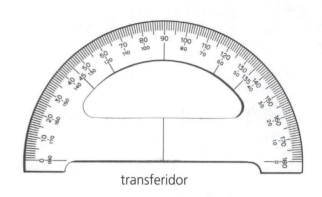
transferidor

O transferidor

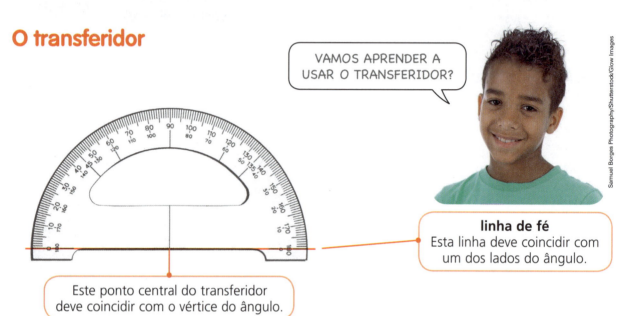

VAMOS APRENDER A USAR O TRANSFERIDOR?

linha de fé
Esta linha deve coincidir com um dos lados do ângulo.

Este ponto central do transferidor deve coincidir com o vértice do ângulo.

Veja como medir este ângulo.

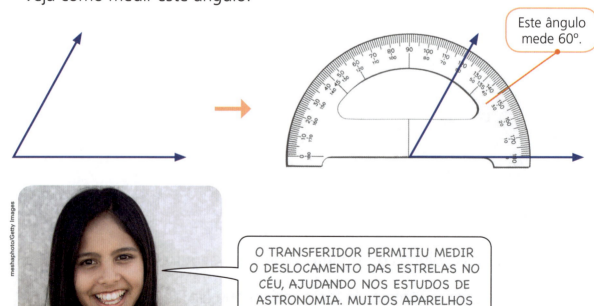

Este ângulo mede 60°.

O TRANSFERIDOR PERMITIU MEDIR O DESLOCAMENTO DAS ESTRELAS NO CÉU, AJUDANDO NOS ESTUDOS DE ASTRONOMIA. MUITOS APARELHOS FORAM CRIADOS A PARTIR DELE.

Tipos de ângulo

Os ângulos são classificados de acordo com as medidas:

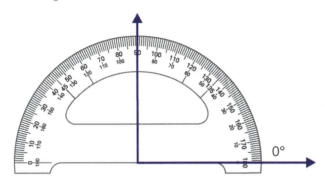

Este é um **ângulo reto**, porque tem a medida de 90°.

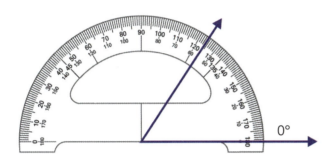

Este é um **ângulo agudo**, porque tem menos de 90°. Ele é menor que o ângulo reto.

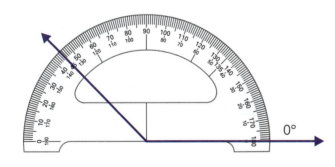

Este é um **ângulo obtuso**, porque tem mais de 90°. Ele é maior que o ângulo reto.

Agora observe a abertura dos ângulos:

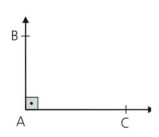 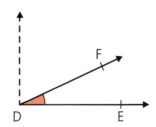 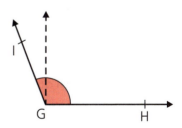

ângulo reto = 90°   ângulo agudo < 90°   ângulo obtuso > 90°

Atividades

1 Observe as figuras e classifique os ângulos destacados em reto, agudo ou obtuso.

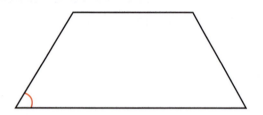
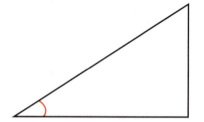

....

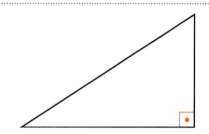
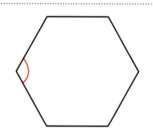

....

2 Classifique os ângulos em reto, agudo ou obtuso.

....

3 Pinte de acordo com a legenda:

 figuras que possuem ângulos retos

 figuras que possuem ângulos agudos

 figuras que possuem ângulos obtusos

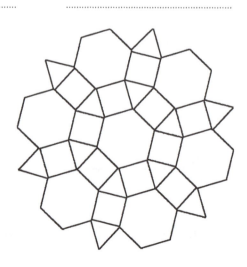

4 Observe o caminho que Flávia fez para chegar à piscina.

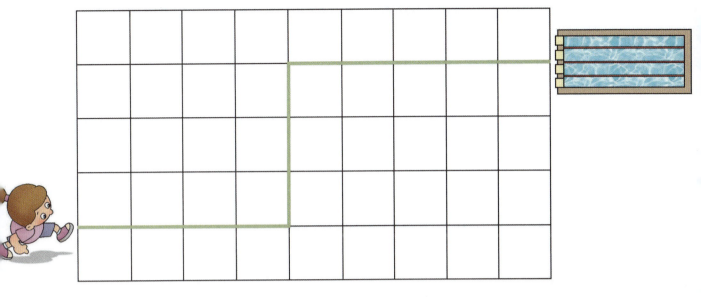

Flávia deu 4 passos, girou 90° à esquerda, deu 3 passos, girou 90° à direita e deu 5 passos. Cada passo é um lado do quadradinho.

- Agora trace o caminho que Ricardo fez para chegar até a escola.

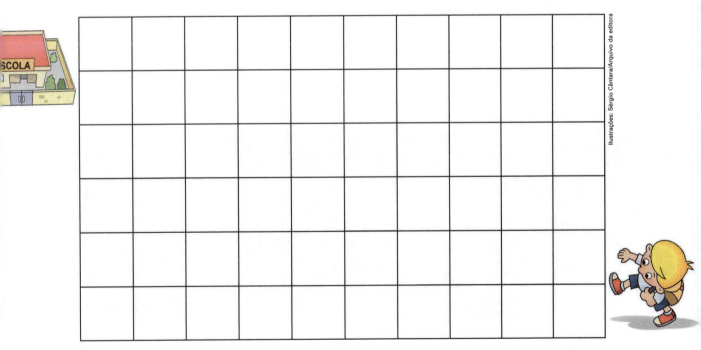

Ele deu 3 passos, girou 90° à direita, deu 2 passos, girou 90° à esquerda, deu 6 passos, girou 90° à direita, deu 2 passos, girou 90° à esquerda e deu 1 passo.

● Retas paralelas e retas perpendiculares

Retas que não têm pontos comuns são chamadas retas **paralelas**.

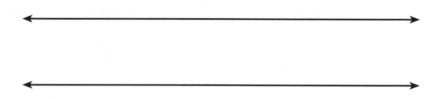

Quando duas retas têm um ponto em comum e formam quatro ângulos retos, elas são chamadas **retas perpendiculares**.

Observe o traçado destas ruas:

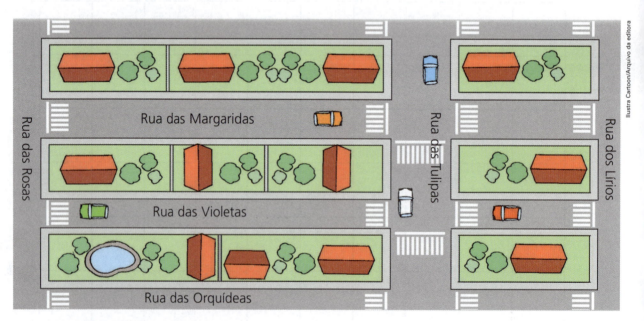

A rua das Margaridas e a rua das Violetas são paralelas, pois não se encontram. A rua das Violetas e a rua das Tulipas são perpendiculares, pois ao se encontrarem formam ângulos retos.

1 Quais são os pares de retas paralelas?

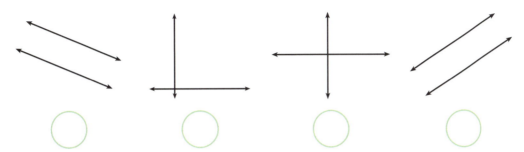

2 Quais são os pares de retas perpendiculares?

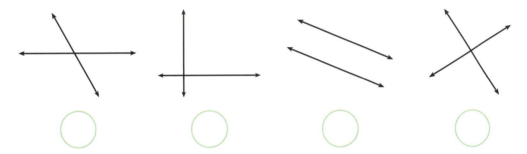

3 Observe a posição das ruas nesta planta e complete as frases:

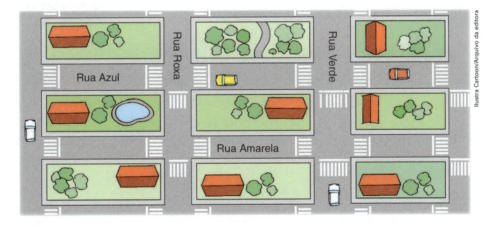

a) A rua Azul e a rua Amarela são ....

b) A rua Roxa e a rua Amarela são ....

c) A rua Amarela e a rua Verde são ....

d) A rua Verde e a rua Roxa são ....

● Vistas de objetos

Observe a cena:

| A menina vê o cachorrinho de frente. | O menino vê o cachorrinho de lado. | A mãe vê o cachorrinho de cima. |

vista frontal — vista lateral — vista superior

1 Observe os objetos e complete com: frontal, lateral ou superior.

vista ....   vista ....   vista ....

vista ....   vista ....   vista ....

2 Ligue cada sólido geométrico à sua vista superior:

   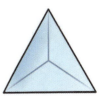

3) Qual é a planta da sala de espera do dentista de Sofia? Assinale-a com um **X**.

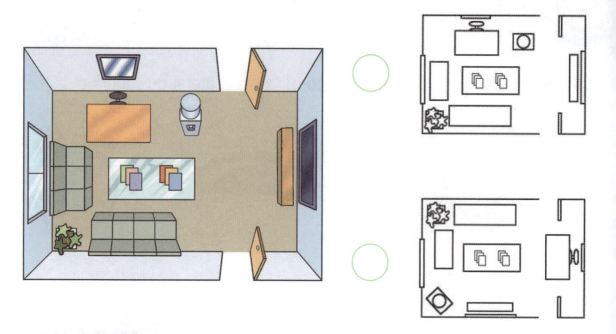

4) As crianças observam o cilindro. Desenhe nos retângulos a vista que cada uma delas tem do sólido.

Observando e registrando

Usando papel quadriculado, podemos ampliar ou reduzir figuras.

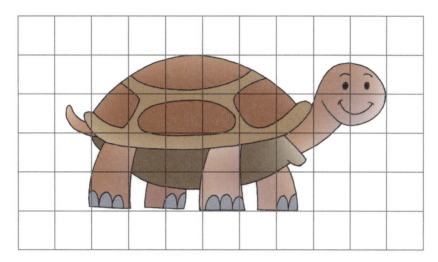

figura reduzida

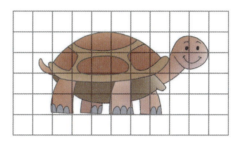

figura ampliada

- Copie a figura abaixo no quadriculado maior e depois no quadriculado menor.

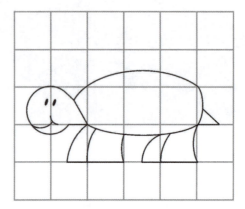

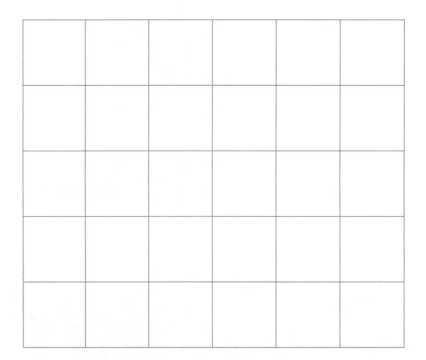

Você percebeu que a primeira figura que você desenhou foi ampliada e a segunda foi reduzida?

Noção de polígono

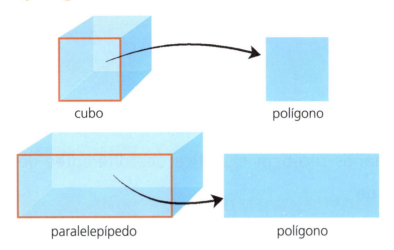

As faces do cubo e do paralelepípedo são exemplos de figuras geométricas chamadas **polígonos**.

Cada segmento de reta forma um lado do polígono.

De acordo com o número de lados, os polígonos recebem classificações diferentes:

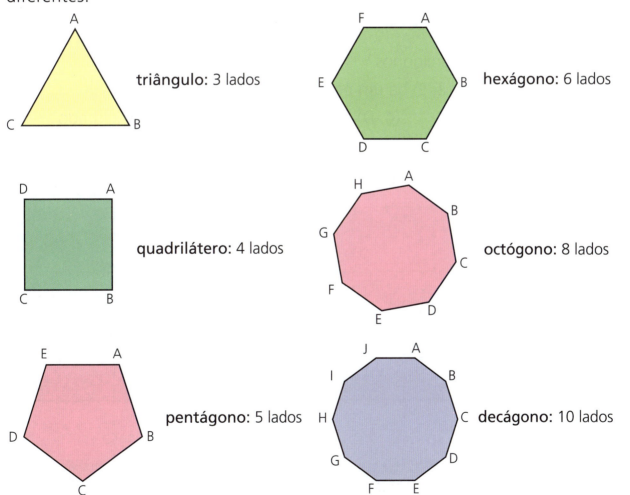

1 Complete as frases.

a) .... são linhas fechadas simples formadas por segmentos de reta.

b) Os polígonos recebem classificações diferentes de acordo com o número de ....

2 Quantos lados e ângulos há nesses polígonos?

3 Vamos desenhar polígonos?

Observe que em (2, E) há um pentágono. Desenhe em:

(3, C) um triângulo   (4, D) um hexágono   (5, B) um quadrado

Capítulo 7 – Geometria

● Triângulos

Triângulos são polígonos de três lados.

Os triângulos têm três lados, três ângulos e três vértices:

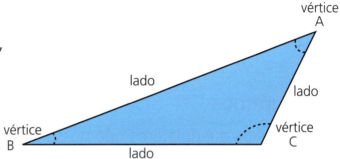

Os triângulos podem ser classificados quanto à medida dos lados.

Triângulo escaleno

Tem três lados de medidas diferentes:

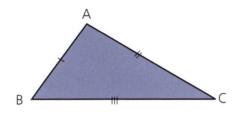

$$\overline{AB} \neq \overline{BC}$$
$$\overline{AB} \neq \overline{AC}$$
$$\overline{AC} \neq \overline{BC}$$

Triângulo isósceles

Tem dois lados com a mesma medida:

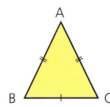

$$\overline{AB} = \overline{AC}$$

Triângulo equilátero

Três lados com a mesma medida:

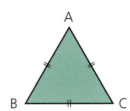

$\overline{CA}$ ou $\overline{AC}$, tanto faz

$$\overline{AB} = \overline{BC} = \overline{CA}$$

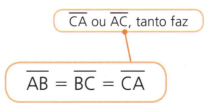

Quadriláteros

> **Quadriláteros** são polígonos de quatro lados.

Há duas classificações importantes de quadriláteros: os paralelogramos e os trapézios.

Paralelogramos

São todos os quadriláteros que possuem os lados opostos paralelos.

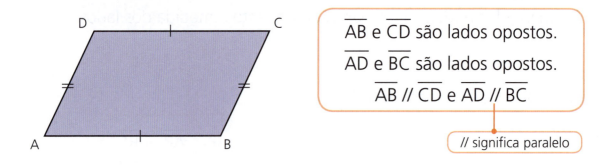

$\overline{AB}$ e $\overline{CD}$ são lados opostos.
$\overline{AD}$ e $\overline{BC}$ são lados opostos.
$\overline{AB}$ // $\overline{CD}$ e $\overline{AD}$ // $\overline{BC}$

// significa paralelo

Em todo paralelogramo os lados opostos possuem a mesma medida. Há alguns paralelogramos que recebem nomes especiais:

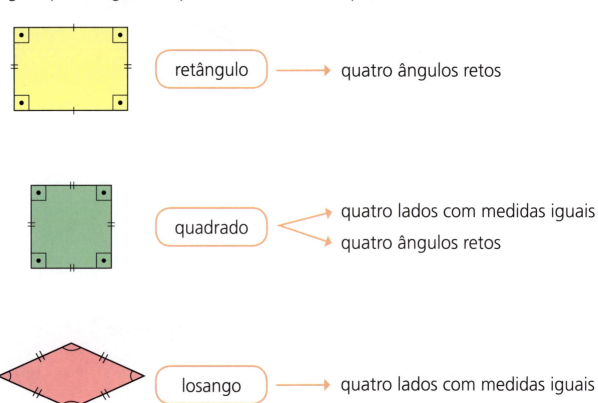

retângulo ⟶ quatro ângulos retos

quadrado ⟶ quatro lados com medidas iguais
⟶ quatro ângulos retos

losango ⟶ quatro lados com medidas iguais

Trapézios

São todos os quadriláteros que possuem apenas dois lados opostos paralelos.

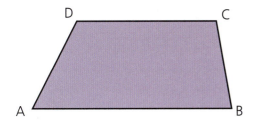

$\overline{AB} \mathbin{/\mkern-2mu/} \overline{CD}$

$\overline{AD}$ e $\overline{BC}$ não são paralelos.

Observe outros quadriláteros que são trapézios:

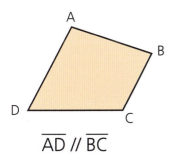

$\overline{AD} \mathbin{/\mkern-2mu/} \overline{BC}$

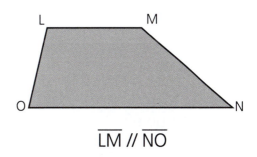

$\overline{LM} \mathbin{/\mkern-2mu/} \overline{NO}$

Agora escreva a classificação de cada quadrilátero abaixo e indique os lados paralelos:

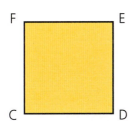

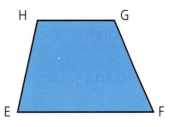

....

....

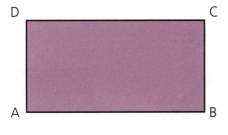

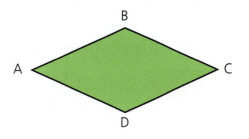

....

....

Atividades

1 Ligue corretamente.

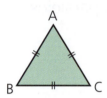 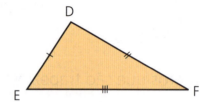 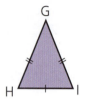

isósceles   equilátero   escaleno

2 O que é, o que é?

a) Triângulos com dois lados com a mesma medida. ....

b) Quadriláteros com lados opostos paralelos. ....

c) Triângulos com todos os lados com medidas iguais. ....

d) Quadriláteros com apenas dois lados opostos paralelos. ....

3 Observe o triângulo, meça seus lados com uma régua e classifique-o:

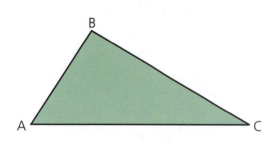

$\overline{AB}$ = ... centímetros

$\overline{BC}$ = ... centímetros

$\overline{AC}$ = ... centímetros

Este é um triângulo ....

4 Escreva **P** para paralelogramo e **T** para trapézio.

  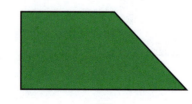 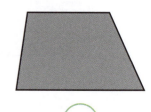

Capítulo 7 – Geometria

Matemática e diversão

Quadrados malucos

o Você acredita que estes quadrados estão perfeitamente alinhados?

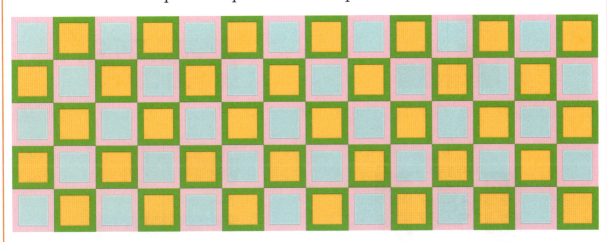

Se está em dúvida, é só conferir com uma régua! As cores e a estampa dos quadrados atrapalham o nosso cérebro na hora de organizar colunas, por isso elas parecem tortas.

o Quantos triângulos existem nesta figura?

Resposta: Não há nenhum triângulo completo. Temos a impressão de ver vários porque o cérebro preenche os pedaços que faltam na imagem.

Revista **Recreio Diversão**. São Paulo: Abril, ano 11, n. 1, p. 9 e 24.

● Simetria

Existem muitos países no mundo. Cada um tem a sua bandeira.
Observe a bandeira de alguns países.

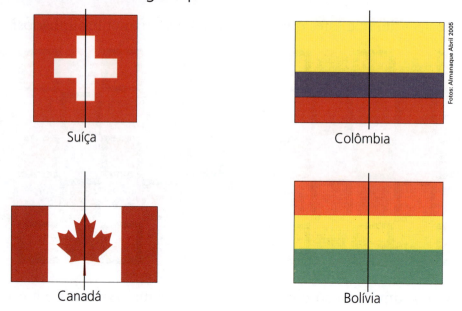

Suíça Colômbia Canadá Bolívia

Note a simetria nessas bandeiras. Se dobrarmos a figura pelo eixo de simetria, as duas partes coincidem.

Agora observe a bandeira do Brasil:

o Ela é simétrica? Por quê?

....

....

....

1) Veja as bandeiras de alguns estados brasileiros. Assinale com um **X** as simétricas.

2) Continue a pintar o quadro usando as cores adequadas para que ele fique simétrico.

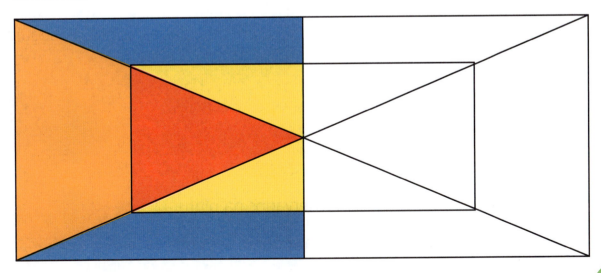

Observando e registrando

Flores na pedra (1939), de Paul Klee.

Observe a obra acima e converse com os colegas sobre as seguintes questões.

a) Qual é o título da obra?

b) Quais cores foram utilizadas?

c) Existe uma cor predominante? Qual?

d) Que polígonos podem ser observados na pintura?

e) Que outras formas geométricas podem ser observadas?

Capítulo 8 — Números fracionários

● Ideia de fração

Observe a imagem da *pizza* ao lado.

Ela foi dividida igualmente em 10 pedaços, e 6 já foram consumidos. Cada uma dessas partes representa a fração $\frac{1}{10}$ (um décimo).

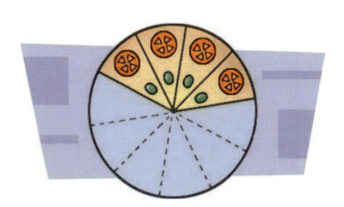

$\frac{10}{10} = 1 \longrightarrow$ 1 *pizza* inteira

$\frac{6}{10}$ ⟶ número de pedaços consumidos
⟶ número de pedaços em que a *pizza* foi dividida

● Representação fracionária

POR FAVOR, CORTE A METADE DESTE QUEIJO.

AQUI ESTÁ A METADE DO QUEIJO.

O queijo todo é a unidade. Ele foi dividido em duas partes iguais. Cada uma das partes é $\frac{1}{2}$ ou metade do queijo.

Em $\frac{1}{2}$, o número 2 é o denominador e indica em quantas partes o todo foi dividido. O número 1 é o numerador e indica quantas partes do todo foram consideradas.

1 Represente, sob a forma de fração, a parte colorida de cada figura.

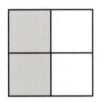 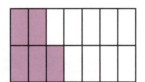 

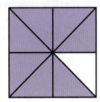 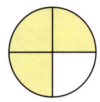

2 Pinte, em cada figura, a fração indicada.

 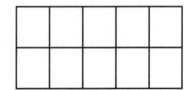

3 Escreva a fração que representa a parte que resta de cada alimento.

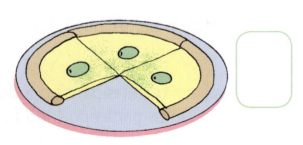 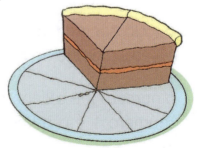 

4) Veja o que Marcela disse:

- Você concorda com ela? Por quê?

....

5) Represente as frações por meio de figuras, conforme o exemplo.

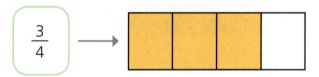

a) $\dfrac{2}{3}$ →

b) $\dfrac{1}{9}$ →

c) $\dfrac{5}{6}$ →

d) $\dfrac{4}{8}$ →

6) Existem diferentes maneiras de dividir um quadrado em quatro partes iguais. Represente três delas nos quadrados a seguir.

Leitura de uma fração

$\frac{2}{6}$ dois sextos $\frac{5}{8}$ cinco oitavos

$\frac{4}{7}$ quatro sétimos

> Quando o **denominador** de uma fração for **2, 3, 4, 5, 6, 7, 8, 9** ou **10**, lemos o numerador acompanhado, respectivamente, das palavras **meio**, **terço**, **quarto**, **quinto**, **sexto**, **sétimo**, **oitavo**, **nono** e **décimo**.

$\frac{2}{11}$ dois onze avos $\frac{3}{12}$ três doze avos

> A partir de **11**, lemos o **numerador** e, depois, o número do **denominador** acompanhado da palavra **avos**.

$\frac{2}{10}$ dois décimos $\frac{4}{100}$ quatro centésimos

$\frac{20}{1000}$ vinte milésimos

> Quando o **denominador** for **10, 100, 1 000**... lemos o **numerador** acompanhado, respectivamente, das palavras **décimo**, **centésimo**, **milésimo**...

Capítulo 8 – Números fracionários

Atividades

1 Escreva a fração que representa a parte destacada de cada figura. Também escreva como ela é lida:

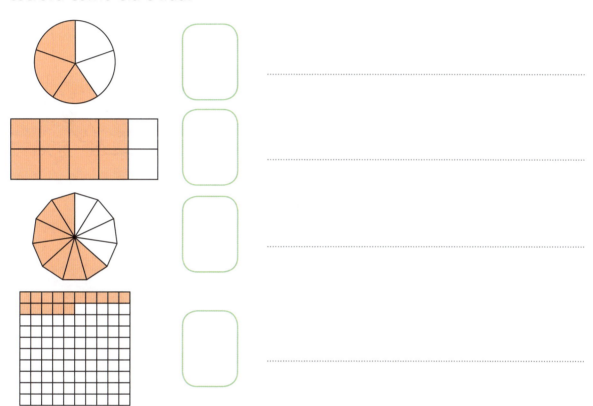

2 Represente com uma fração as bananas pintadas. Depois escreva como se lê essa fração.

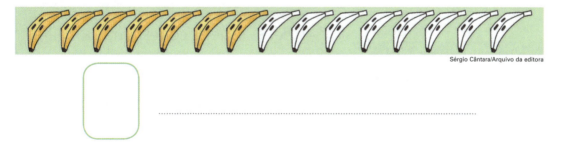

3 Use as figuras para representar as frações indicadas:

a) $\dfrac{5}{8}$

b) $\dfrac{7}{10}$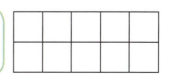

Fração de uma quantidade

Carina ganhou 12 balas. Ela separou as guloseimas em 3 saquinhos, colocando o mesmo número de balas em cada um, ou seja, colocou $\frac{1}{3}$ de balas em cada saquinho.

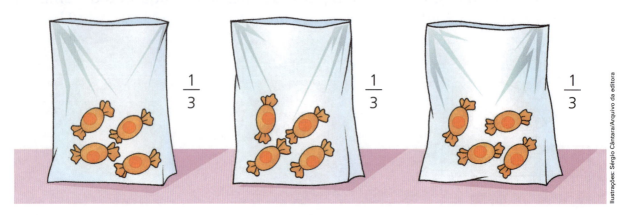

Assim Carina formou 3 grupos de 4 balas cada um.

$\frac{1}{3}$ de 12 balas corresponde a 4 balas.

$\frac{2}{3}$ de 12 balas correspondem a 8 balas.

$\frac{3}{3}$ de 12 balas correspondem a 12 balas.

Veja outro exemplo, em que 8 estrelas foram separadas em 4 regiões.

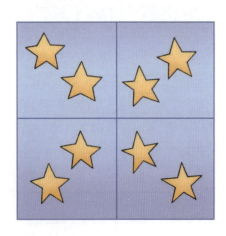

$\frac{1}{4}$ de 8 estrelas corresponde a 2 estrelas.

$\frac{2}{4}$ de 8 estrelas correspondem a 4 estrelas.

$\frac{3}{4}$ de 8 estrelas correspondem a 6 estrelas.

$\frac{4}{4}$ de 8 estrelas correspondem a 8 estrelas.

Atividades

1 Complete as frases e pinte a quantidade correspondente a cada fração:

$\frac{1}{3}$ de 18 laranjas são .... laranjas.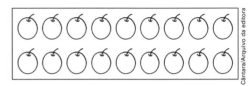

$\frac{1}{4}$ de 12 petecas são .... petecas.

$\frac{1}{10}$ de 20 tulipas são .... tulipas.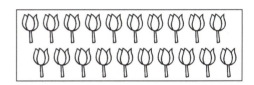

$\frac{1}{2}$ de 16 triângulos são .... triângulos.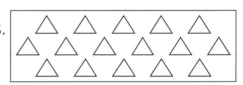

2 Calcule mentalmente e escreva os resultados.

a) $\frac{1}{2}$ de 28 = ...

b) $\frac{1}{3}$ de 36 = ...

c) $\frac{1}{8}$ de 16 = ...

d) $\frac{1}{4}$ de 32 = ...

3 Responda às perguntas:

a) Com uma barra de chocolate, faço 18 bombons. Com $\frac{1}{3}$ da barra, quantos bombons posso fazer?

....

b) Com um pote de 1 litro de sorvete, um sorveteiro monta 20 casquinhas de uma bola. Com $\frac{1}{4}$ do pote, quantas casquinhas ele consegue fazer?

....

Calculando a fração de uma quantidade

Sueli apontou $\frac{2}{4}$ dos 24 lápis de cor da caixa. Quantos lápis ela apontou?

$\frac{4}{4}$ correspondem ao total, ou seja, 24 lápis.

$\frac{2}{4}$ de 24 correspondem a duas partes de 24 ÷ 4.

$$(24 \div 4) \times 2 = 6 \times 2 = 12$$

Sueli apontou 12 lápis.

Para calcular a fração de uma quantidade, basta dividi-la pelo denominador e multiplicar o resultado pelo numerador.

Veja outros exemplos:

Queremos calcular $\frac{3}{5}$ de 20:

$\frac{1}{5}$ de 20 = 20 ÷ 5 = 4

$\frac{3}{5}$ de 20 = 4 × 3 = 12

Então: $\frac{3}{5}$ de 20 = (20 ÷ 5) × 3 = 12

Queremos calcular $\frac{2}{8}$ de 16:

$\frac{1}{8}$ de 16 = 16 ÷ 8 = 2

$\frac{2}{8}$ de 16 = 2 × 2 = 4

Então: $\frac{2}{8}$ de 16 = (16 ÷ 8) × 2 = 4

● Desafio

Calcule agora $\frac{1}{4}$ de 16 e compare o resultado com a quantidade obtida em $\frac{2}{8}$ de 16. O que você pode concluir sobre essas duas frações?

Atividades

1 Complete.

Sérgio Cântara/Arquivo da editora

$\frac{1}{4}$ de 20 = ... $\frac{2}{4}$ de 20 = ...

$\frac{3}{4}$ de 20 = ... $\frac{4}{4}$ de 20 = ...

2 Calcule.

a) $\frac{2}{3}$ de 18 canetas ⟶ .... = ...

b) $\frac{4}{7}$ de 14 borrachas ⟶ .... = ...

c) $\frac{3}{8}$ de 24 cadernos ⟶ .... = ...

d) $\frac{5}{9}$ de 63 livros ⟶ .... = ...

e) $\frac{6}{4}$ de 32 apontadores ⟶ .... = ...

f) $\frac{2}{6}$ de 18 réguas ⟶ .... = ...

g) $\frac{3}{5}$ de 40 lápis ⟶ .... = ...

3 Pense e complete.

a) Numa caixa há $\frac{1}{9}$ de 72 bombons. Nessa caixa há .... bombons.

b) Tadeu precisa comprar um livro que custa 40 reais. Ele só tem $\frac{2}{5}$ dessa quantia. Tadeu tem .... reais.

Ler, refletir e resolver

1) Eduardo já colou em seu álbum $\frac{1}{7}$ de 175 figurinhas. Quantas figurinhas ele já colou?

2) Paulo fez $\frac{4}{5}$ de 270 bandeirinhas para a festa junina. Quantas bandeirinhas ele fez?

3) Em uma plantação, foram colhidas 1 584 espigas de milho e $\frac{5}{8}$ já foram vendidas. Quantas espigas foram vendidas?

4) Mariana comprou um livro com 240 páginas. Ela já leu $\frac{1}{4}$ do livro. Quantas páginas faltam para ela terminar de ler o livro?

Tipos de fração

Frações próprias

Dona Matilde fez 3 pães de forma para o lanche de suas netas Renata, Roberta e Fátima.

Na hora do lanche, cada criança dividiu seu pão em partes iguais:

Nenhuma da três netas de Matilde comeu o pão inteiro na hora do lanche. Observe:

$\frac{2}{3} < 1$ $\frac{4}{8} < 1$ $\frac{2}{6} < 1$ $\frac{2}{3}, \frac{4}{8}$ e $\frac{2}{6}$ são frações próprias.

Frações próprias são frações menores que o inteiro. Elas têm o numerador menor que o denominador.

Frações impróprias

Anderson ganhou 2 barras de chocolate e sua irmã Helena ganhou 3 barras.

As barras de Anderson estão divididas em 4 partes iguais e as de Helena, em 3 partes iguais. Veja:

Observe agora a quantidade que Anderson já comeu, representada abaixo.

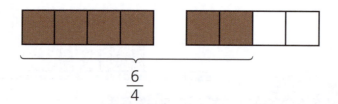

A quantidade que Helena já comeu é:

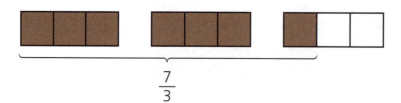

Os dois comeram mais do que uma barra de chocolate.

$\dfrac{6}{4} > 1$ $\dfrac{7}{3} > 1$ $\dfrac{6}{4}$ e $\dfrac{7}{3}$ são frações impróprias.

Frações impróprias são frações maiores que o inteiro. Elas têm o numerador maior que o denominador.

Capítulo 8 – Números fracionários

Frações aparentes

Roberto fez 3 deliciosas tortas e dividiu cada uma em 3 partes iguais.

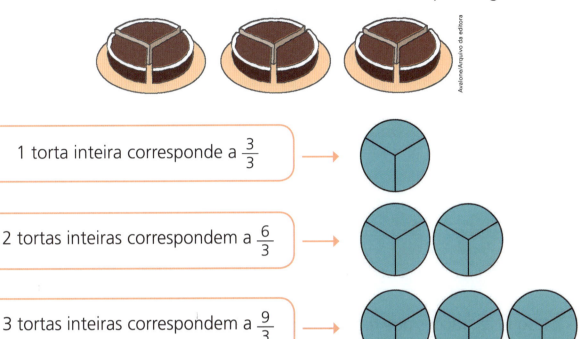

1 torta inteira corresponde a $\frac{3}{3}$

2 tortas inteiras correspondem a $\frac{6}{3}$

3 tortas inteiras correspondem a $\frac{9}{3}$

Veja o que estas frações representam:

$$\frac{3}{3} = 1 \qquad \frac{6}{3} = 2 \qquad \frac{9}{3} = 3$$

Essas frações são denominadas **frações aparentes**.

Frações aparentes são frações que representam números naturais. Nelas, o numerador é igual ao denominador ou a um múltiplo dele.

DESCOBRI!
UMA FRAÇÃO EQUIVALE AO INTEIRO:
- QUANDO O NUMERADOR FOR IGUAL AO DENOMINADOR.

EXEMPLO: $\frac{3}{3}$.

- QUANDO O NUMERADOR FOR MÚLTIPLO DO DENOMINADOR.

EXEMPLOS: $\frac{6}{3}, \frac{9}{3}$.

Atividades

1 Escreva a fração correspondente às figuras:

2 Risque as frações que representam um número menor que 1:

$\dfrac{3}{4}$ $\dfrac{5}{5}$ $\dfrac{4}{9}$ $\dfrac{2}{7}$ $\dfrac{8}{8}$ $\dfrac{1}{6}$ $\dfrac{1}{2}$

3 Circule as frações que representam um número maior que 1:

$\dfrac{3}{7}$ $\dfrac{6}{5}$ $\dfrac{9}{8}$ $\dfrac{1}{3}$ $\dfrac{2}{3}$ $\dfrac{6}{2}$ $\dfrac{3}{9}$

4 Observe as barras de chocolate e, considerando como o total as 4 barras, escreva que fração representa:

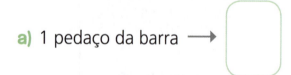

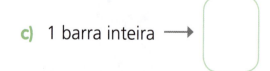

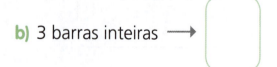

Capítulo 8 – Números fracionários

5 Calcule mentalmente e responda às perguntas:

a) Humberto usou $\frac{24}{2}$ de folhas para preparar o trabalho. Quantas folhas ele usou?

....

b) Sílvio achou que Humberto gastou muitas folhas. Ele resolveu separar metade das folhas utilizadas por Humberto. Quantas folhas Sílvio separou?

....

c) Paula separou para reciclagem $\frac{9}{3}$ de latas. Quantas latas ela separou?

....

d) Marta plantou $\frac{100}{5}$ de sementes de girassol no jardim. Quantas sementes ela plantou?

....

6 Compare os números a seguir utilizando os símbolos >, < ou =:

a) $\frac{4}{4}$ 1

b) $\frac{2}{8}$ 1

c) $\frac{3}{5}$ 1

d) $\frac{14}{7}$ 1

e) $\frac{12}{7}$ 1

f) $\frac{7}{6}$ 1

g) $\frac{9}{9}$ 1

h) $\frac{11}{12}$ 1

● Números mistos

Para o aniversário de Gabriela, sua mãe fez 3 *pizzas*.

Os convidados comeram $\frac{20}{8}$ das *pizzas*, ou seja, 2 *pizzas* inteiras mais $\frac{4}{8}$ de outra. Por isso, a fração $\frac{20}{8}$ pode ser escrita assim: $2\frac{4}{8}$, que corresponde a $2 + \frac{4}{8}$.

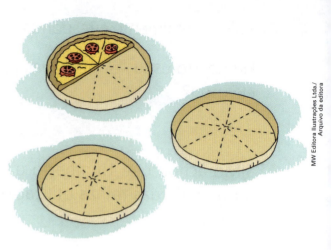

Os números que apresentam uma parte inteira e outra fracionária são chamados **números mistos**.

Lemos: dois inteiros e quatro oitavos. ⟶ $2\frac{4}{8}$ é um número misto.

A fração imprópria $\frac{20}{8}$ pode ser escrita como o número misto $2\frac{4}{8}$, o número misto $2\frac{4}{8}$ pode ser revertido em forma de fração imprópria: $2\frac{4}{8} = \frac{20}{8}$.

Para transformar um número misto em fração imprópria, começamos determinando a fração aparente que representa a parte inteira com o mesmo denominador da parte fracionária. Depois adicionamos as duas frações.

$$2\frac{4}{8} = \frac{\mathbf{16}}{\mathbf{8}} + \frac{4}{8} = \frac{20}{8}$$

Esse procedimento, na prática, também pode ser realizado assim: multiplica-se o denominador da parte fracionária pelo número inteiro e adiciona-se ao numerador da parte fracionária.

$$2\frac{4}{8} = \frac{2 \times 8 + 4}{8} = \frac{16 + 4}{8} = \frac{20}{8}$$

E para transformar uma fração imprópria em número misto, extraímos os inteiros pela divisão do numerador pelo denominador e observamos o resto:

$$\frac{9}{4} \longrightarrow \begin{array}{r|l} 9 & 4 \\ \hline 1 & 2 \end{array} \longrightarrow 2\frac{1}{4} \qquad \qquad \frac{9}{4} \text{ ou } 2\frac{1}{4}$$

Atividades

1 Observe as figuras e escreva os números mistos correspondentes a cada uma delas.

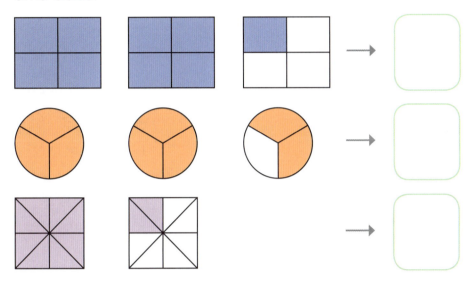

2 Represente com figuras as frações impróprias.

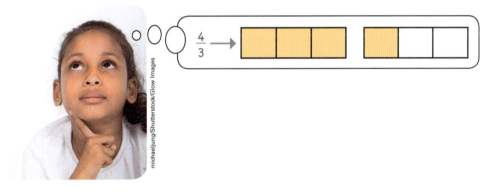

a) $\dfrac{6}{4} \longrightarrow$

b) $\dfrac{8}{5} \longrightarrow$

c) $\dfrac{7}{6} \longrightarrow$

3 Transforme as frações impróprias em números mistos.

a) $\dfrac{4}{3}$ =

b) $\dfrac{16}{5}$ =

c) $\dfrac{15}{2}$ =

d) $\dfrac{8}{3}$ =

e) $\dfrac{18}{7}$ =

f) $\dfrac{9}{4}$ =

g) $\dfrac{5}{2}$ =

h) $\dfrac{10}{6}$ =

i) $\dfrac{13}{8}$ =

j) $\dfrac{18}{4}$ =

4 Agora transforme os números mistos em frações impróprias.

a) $1\dfrac{4}{3}$ =

b) $3\dfrac{3}{5}$ =

c) $1\dfrac{7}{8}$ =

d) $2\dfrac{2}{5}$ =

e) $1\dfrac{1}{4}$ =

f) $1\dfrac{4}{9}$ =

g) $3\dfrac{7}{8}$ =

h) $13\dfrac{1}{2}$ =

i) $1\dfrac{5}{7}$ =

j) $8\dfrac{2}{5}$ =

Capítulo 8 – Números fracionários

5) A mãe de Tatiana fez 5 tortinhas para sua família. Veja quantos pedaços cada um comeu.

A mãe comeu o restante. Qual é a fração que representa o que cada um comeu?

- Agora responda às questões:

    a) Quais das frações escritas acima são próprias? ....

    b) E impróprias? ....

    c) Quem comeu menos de uma tortinha? ....

● Comparações de frações

A mãe de Daniela comprou 2 bolos iguais para suas 2 filhas. Dividiu cada um em 6 partes iguais.

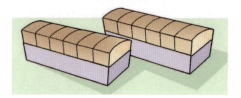

Agora veja quanto cada uma comeu:

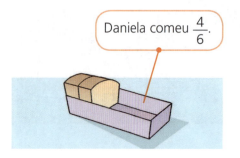

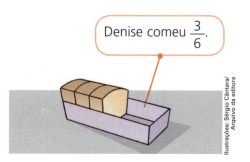

Daniela comeu mais do que Denise.

$\dfrac{4}{6} > \dfrac{3}{6}$

Então $\dfrac{4}{6}$ é maior que $\dfrac{3}{6}$.

Quando duas frações têm o mesmo denominador, a maior é aquela que tem o maior numerador.

Observe estas frações:

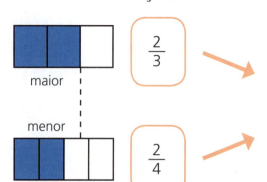

$\dfrac{2}{3}$ é maior que $\dfrac{2}{4}$. $\dfrac{2}{3} > \dfrac{2}{4}$

Quando duas frações têm o mesmo numerador, a maior é a que tem o menor denominador.

Atividades

1) Pinte a fração correspondente e complete.

$\frac{2}{6}$ $\frac{5}{6}$ $\frac{3}{6}$

A maior fração é ☐.   A menor fração é ☐.

2) Observe a figura e complete as frases.

a) A figura está dividida em .... partes iguais.

b) A fração que representa as partes vermelhas é ☐.

c) ☐ é a fração que representa as partes azuis.

d) As partes azuis e as partes vermelhas juntas são representadas pela fração ☐.

e) Pode-se indicar a soma das partes azuis e vermelhas, assim:

☐ + ☐ = ☐

f) É possível comparar as partes azuis e vermelhas assim:

☐ > ☐

3 Compare as frações usando os símbolos > ou <:

a) $\dfrac{2}{3}$ .... $\dfrac{2}{8}$

b) $\dfrac{6}{6}$ .... $\dfrac{3}{6}$

c) $\dfrac{3}{5}$ .... $\dfrac{3}{4}$

d) $\dfrac{4}{9}$ .... $\dfrac{3}{9}$

e) $\dfrac{9}{5}$ .... $\dfrac{9}{6}$

f) $\dfrac{3}{8}$ .... $\dfrac{5}{8}$

4 Coloque as frações na ordem crescente, usando o símbolo <:

$\dfrac{3}{7}$ $\dfrac{3}{6}$ $\dfrac{3}{9}$ $\dfrac{3}{4}$ $\dfrac{3}{8}$ $\dfrac{3}{5}$ $\dfrac{3}{3}$

5 Num jogo de futebol, Paulo chutou 8 bolas e acertou 5. Daniel chutou 10 e acertou 5.

a) Represente, por meio de fração, os acertos de Paulo.

b) Represente, por meio de fração, os acertos de Daniel.

c) Qual dos meninos teve a maior fração de acertos? _____

6 Observe:

COMI $\dfrac{2}{3}$ DE UMA BARRA DE CHOCOLATE.

EU COMI $\dfrac{2}{5}$ DE OUTRA BARRA IGUAL À DELA.

• Quem comeu mais? _____

Frações equivalentes

Na Semana da Criança, a professora preparou uma gincana.

Uma das tarefas era pintar faixas, sendo todas do **mesmo tamanho**. As faixas da equipe **A** estavam divididas em 4 partes iguais e as da equipe **B**, em 8 partes iguais. A equipe que pintasse a maior parte no tempo determinado seria a vencedora.

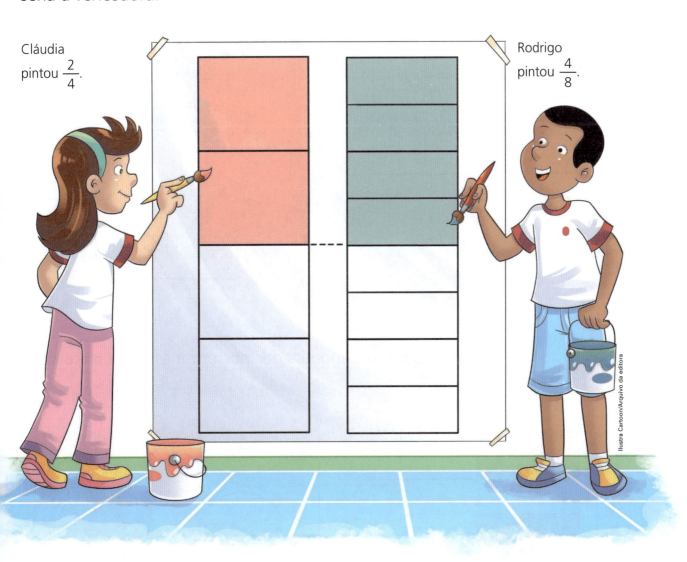

Como você pôde observar, as equipes estão empatadas, pois Cláudia e Rodrigo pintaram a mesma parte das faixas.

Isso quer dizer que as frações $\frac{2}{4}$ e $\frac{4}{8}$ representam a mesma parte do inteiro. Portanto, são frações equivalentes.

Frações equivalentes são aquelas que representam a mesma parte do inteiro.

Para encontrarmos frações equivalentes, podemos proceder de duas formas:

- Multiplicamos o numerador e o denominador por um mesmo número diferente de zero.

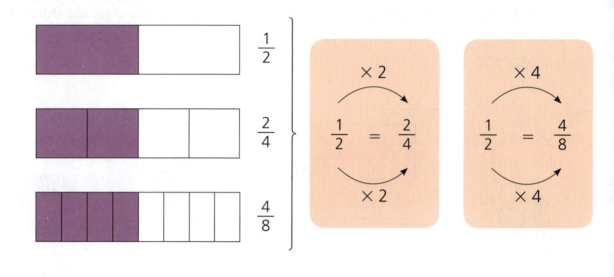

- Dividimos o numerador e o denominador por um mesmo número diferente de zero.

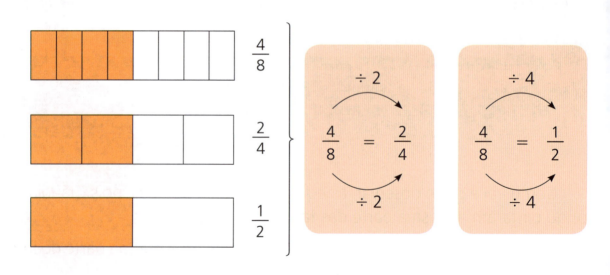

Atividades

1 Veja a fração de torta que cada criança comeu:

  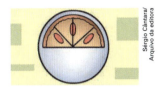

Sofia: $\frac{1}{2}$ Marcos: $\frac{3}{6}$ Henrique: $\frac{4}{8}$

a) Quem comeu a maior parte? ....

....

b) As frações $\frac{1}{2}$, $\frac{3}{6}$, e $\frac{4}{8}$ representam .... do inteiro.

Elas são chamadas frações equivalentes.

2 Escreva frações equivalentes às frações dadas usando o processo da multiplicação. Veja o exemplo:

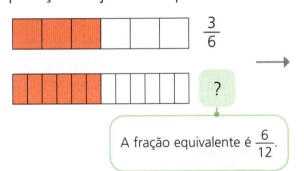

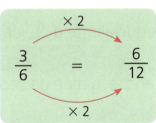

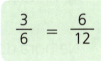

A fração equivalente é $\frac{6}{12}$.

a)

$\frac{2}{4}$

$\frac{2}{4} = \square$

b)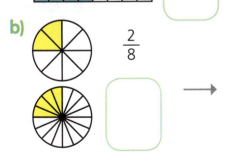

$\frac{2}{8}$

$\frac{2}{8} = \square$

3 Circule as frações equivalentes às frações em destaque.

$\boxed{\dfrac{3}{5}}$ $\dfrac{3}{10}$ $\dfrac{6}{10}$ $\dfrac{3}{15}$ $\dfrac{9}{15}$ $\dfrac{12}{15}$ $\dfrac{12}{20}$ $\dfrac{8}{20}$

$\boxed{\dfrac{4}{8}}$ $\dfrac{8}{12}$ $\dfrac{2}{4}$ $\dfrac{8}{16}$ $\dfrac{1}{2}$ $\dfrac{1}{4}$ $\dfrac{6}{16}$ $\dfrac{16}{20}$

4 Complete as frações para que se tornem equivalentes.

a) $\dfrac{4}{8} = \dfrac{\ }{4}$ 	b) $\dfrac{2}{6} = \dfrac{\ }{18}$ 	c) $\dfrac{4}{5} = \dfrac{8}{\ }$

5 Escreva o que se pede.

a) A fração equivalente a $\dfrac{4}{5}$, de denominador 25.

b) A fração equivalente a $\dfrac{3}{8}$, de numerador 12.

c) A fração equivalente a $\dfrac{6}{7}$, de numerador 12.

6 Na hora do lanche, a mãe de Leonardo dividiu uma minitorta entre ele e sua irmã Larissa.

○ Quem está certo, Leonardo ou Larissa? Por quê?

....

....

Capítulo 8 – Números fracionários

7 Pinte $\frac{5}{25}$ de azul, $\frac{12}{25}$ de vermelho e $\frac{8}{25}$ de amarelo.

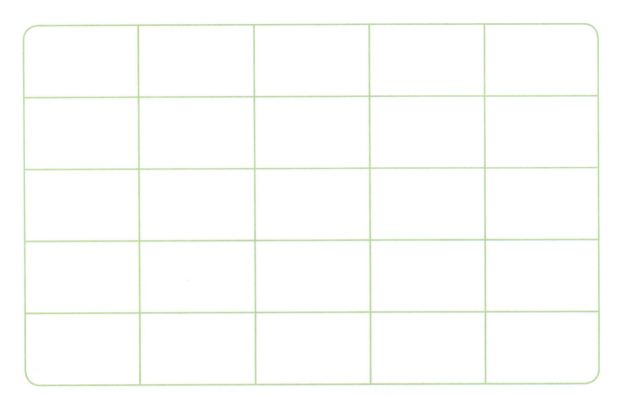

8 Foi feita uma pesquisa sobre o esporte preferido dos 140 alunos do 4º ano da escola de Rogério. Observe o resultado no gráfico.

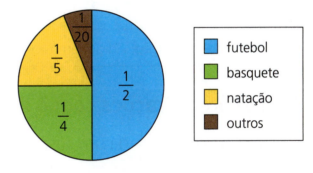

a) Qual esporte foi mais votado?
....

b) Quantos alunos preferem basquete?
....

c) Quantos alunos preferem outros esportes?
....

d) Quantos votos o futebol recebeu a mais que a natação?
....
....

● Operações com frações

Adição de frações com o mesmo denominador

Veja o tablete de chocolate:

Desse chocolate, Fúlvio pegou $\frac{2}{5}$ e Renata $\frac{1}{5}$.

Que fração do chocolate as crianças pegaram ao todo?

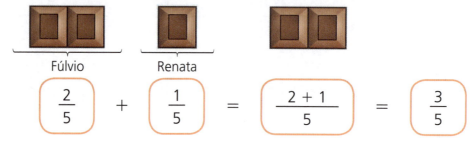

Eles pegaram ao todo $\frac{3}{5}$ do chocolate.

Fizemos uma **adição**. Adicionamos os numeradores e conservamos o denominador.

Subtração de frações com o mesmo denominador

Carolina comeu $\frac{1}{4}$ de um cuscuz. Que fração do cuscuz sobrou?

Sobraram $\frac{3}{4}$ do cuscuz.

Fizemos uma **subtração**. Subtraímos os numeradores e conservamos o denominador.

Atividades

1 Represente as adições e escreva a soma na forma de fração:

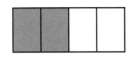 + 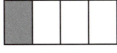 =

$\frac{2}{4}$ + $\frac{1}{4}$ = ☐

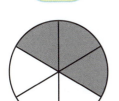 + 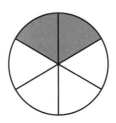 =

$\frac{3}{6}$ + $\frac{2}{6}$ = ☐

2 Efetue.

a) $\frac{2}{5} + \frac{1}{5} = $ ☐

b) $\frac{5}{9} + \frac{2}{9} + \frac{1}{9} = $ ☐

c) $\frac{3}{8} + \frac{2}{8} = $ ☐

d) $\frac{5}{21} + \frac{7}{21} + \frac{4}{21} = $ ☐

e) $\frac{3}{7} + \frac{1}{7} + \frac{2}{7} = $ ☐

f) $\frac{4}{8} + \frac{2}{8} = $ ☐

g) $\frac{4}{15} + \frac{3}{15} + \frac{5}{15} = $ ☐

h) $\frac{3}{10} + \frac{1}{10} + \frac{5}{10} = $ ☐

3 Complete os termos das adições.

a) $\frac{5}{8} + \frac{}{8} = \frac{7}{8}$

b) $\frac{1}{3} + \frac{}{3} = \frac{6}{3}$

c) $\frac{2}{3} + \frac{4}{3} + \frac{}{3} = \frac{13}{3}$

4 Complete as subtrações.

a) $\dfrac{5}{8} - \dfrac{}{8} = \dfrac{3}{8}$

b) $\dfrac{}{15} - \dfrac{8}{15} = \dfrac{4}{15}$

c) $\dfrac{8}{6} - \dfrac{}{6} = \dfrac{5}{6}$

d) $\dfrac{5}{7} - \dfrac{}{7} = \dfrac{3}{7}$

e) $\dfrac{}{9} - \dfrac{2}{9} = \dfrac{2}{9}$

f) $\dfrac{9}{3} - \dfrac{}{3} = \dfrac{7}{3}$

5 Efetue as subtrações.

a) $\dfrac{3}{8} - \dfrac{1}{8} =$

b) $\dfrac{5}{7} - \dfrac{2}{7} =$

c) $\dfrac{9}{8} - \dfrac{5}{8} =$

d) $\dfrac{5}{5} - \dfrac{2}{5} =$

e) $\dfrac{5}{9} - \dfrac{2}{9} =$

f) $\dfrac{9}{12} - \dfrac{4}{12} =$

6 Indique as frações e efetue. Veja o exemplo.

 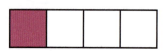 

$\dfrac{3}{4} - \dfrac{1}{4} = \dfrac{2}{4}$

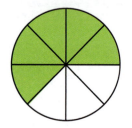  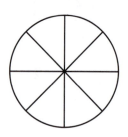

 − =

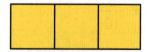 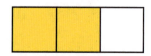 

 − =

Ler, refletir e resolver

1) Numa competição Isabela percorreu, de *skate*, $\frac{5}{8}$ de uma estrada e, de patins, $\frac{1}{8}$. Que fração da estrada Isabela percorreu?

....

2) Vera comprou um pote de sorvete. Após o almoço, sua família tomou $\frac{2}{4}$ do sorvete e, após o jantar, $\frac{1}{4}$. Que fração representa o sorvete que restou no pote?

....

3) Mauro comeu $\frac{3}{5}$ de uma torta de abacaxi. Que fração de torta restou?

....

4) Uma costureira comprou um corte de tecido. Com $\frac{3}{9}$ fez uma saia, com $\frac{4}{9}$ fez uma calça e com o restante fez uma blusa. Que fração representa a parte do tecido usada na blusa?

....

5 Vanessa, Michele e Ricardo prepararam refeições para distribuir para moradores de rua. Vanessa vai distribuir $\frac{4}{8}$ da doação e Michele, $\frac{3}{8}$. Que fração da doação Ricardo vai distribuir?

....

6 Tomei $\frac{2}{6}$ de um litro de suco. Que fração do litro deixei de beber?

....

7 Em uma excursão ao zoológico, os alunos anotaram a altura e o peso de alguns animais. Camila escreveu sobre $\frac{2}{9}$ dos animais e Danilo, sobre $\frac{4}{9}$. Qual a fração de animais sobre os quais Fabiana escreveu?

....

8 André gastou $\frac{3}{7}$ da quantia que possuía em seu cofrinho em livros e $\frac{1}{7}$ em cadernos. Que fração representa a quantia que ele ainda tem em seu cofrinho?

....

9 Leia a receita que Paulo escolheu para fazer com sua mãe.

Estrelinhas de coco da Emília

Ingredientes

- 1 coco pequeno
- $\frac{1}{2}$ colher de café de sal
- $1\frac{1}{2}$ xícara de chá de açúcar
- 4 xícaras de chá de amido de milho
- 1 ovo
- $\frac{1}{2}$ xícara de chá de manteiga

Como fazer

Misture o coco, depois de ralado, com o sal e adicione os outros ingredientes. Com as pontas dos dedos, junte até a massa formar uma bola. Enrole a massa em forma de cordões, corte em rolinhos pequenos e achate com o garfo. Asse em forno médio por 15 minutos. O coco fresco pode ser substituído por 150 gramas de coco ralado.

PEÇA A AJUDA DE UM ADULTO PARA FAZER A RECEITA.

Sítio do Pica-Pau-Amarelo: histórias, receitas e brincadeiras deliciosas: gostosuras e travessuras com milho, de Conceição Fenille Molinaro, São Paulo: Globo, 2003.

Agora, responda:

- Quantos minutos as estrelinhas de coco levam para assar? ....
- Que ingredientes são indicados com uma fração?

....

- A mãe de Lorena resolveu dobrar a receita. Complete a lista com a quantidade de ingredientes que ela vai usar.

    .... cocos pequenos ou .... gramas de coco ralado

    .... colher de café de sal

    .... xícaras de chá de açúcar

    .... xícaras de chá de amido de milho

    .... ovos

    .... xícara de chá de manteiga

O tema é...
Vamos tomar vacina?

Campanha Nacional contra Poliomielite e Sarampo
De 8 a 28 de novembro

Crianças de 6 meses a 5 anos

Procure a Unidade de Saúde mais próxima de sua casa

Mairiporã — Vivendo Melhor!

Você sabe por que é importante tomar vacina contra a poliomielite?

A pólio, como também é conhecida, é causada por um vírus e pode deixar as pessoas paralíticas. É uma doença que não tem tratamento, mas é possível ser evitada por meio da vacinação.

Por isso, as crianças devem ser vacinadas obrigatoriamente quando completarem 2, 4, 6 e 15 meses de vida, e também aos 4 anos de idade.

Todas as vacinas que tomamos ficam anotadas na carteira de vacinação. A vacina contra a pólio aparece como VOP (vacina oral contra a poliomielite).

Você leu que a poliomielite é uma doença causada por um vírus e que pode causar a paralisia infantil. Felizmente, nos dias de hoje, existem pouquíssimos casos dessa doença.

Atualmente é obrigatório que todos os lugares e estabelecimentos comerciais tenham acesso para deficientes físicos. Preste atenção, por exemplo, às rampas e portas maiores do que o padrão, que possibilitam o acesso das cadeiras de rodas. Qual é sua opinião sobre essa norma?

Camila tem 3 anos e esta é a sua carteira de vacinação. Leia atentamente os dados e responda às perguntas.

- Quantos meses se passaram entre a primeira e a segunda dose da vacina de Camila?

- Quantos meses se passaram entre a primeira dose e o primeiro reforço da vacina?

Capítulo 9 — Medidas de tempo

Em 13 de setembro de 2014, na cidade de Recife, a atleta Mirela Saturnino venceu a 5ª Maratona Internacional Maurício de Nassau, na categoria Atletas Elite Feminina. Ela percorreu os 42 quilômetros da prova em 2 horas, 52 minutos e 40 segundos.

A segunda posição, com o tempo de 3 horas, 7 minutos e 21 segundos, foi conquistada pela atleta Sara Liberato Diniz.

Mirela Saturnino segura a bandeira de Pernambuco após a conquista da vitória na 5ª Maratona Internacional Maurício de Nassau.

Já a terceira posição, com o tempo de 3 horas, 16 minutos e 11 segundos, foi de Ilda Alves dos Santos.

● Unidade fundamental: o segundo

O dia tem 24 horas. Esse é o tempo aproximado que a Terra leva para dar uma volta ao redor de si mesma.

Há intervalos de tempo menores que o dia: a **hora**, o **minuto** e o **segundo**. O relógio é o instrumento mais usado para medir esses intervalos.

O ponteiro pequeno marca as **horas**.

O ponteiro grande marca os **minutos**.

O ponteiro fininho marca os **segundos**.

- O **dia** se divide em **24 partes iguais**. Cada parte é **1 hora**.
- A **hora** se divide em **60 partes iguais**. Cada parte é **1 minuto**.
- O **minuto** se divide em **60 partes iguais**. Cada parte é **1 segundo**.

O **segundo** é a unidade fundamental das medidas de tempo. Seu símbolo é **s**.

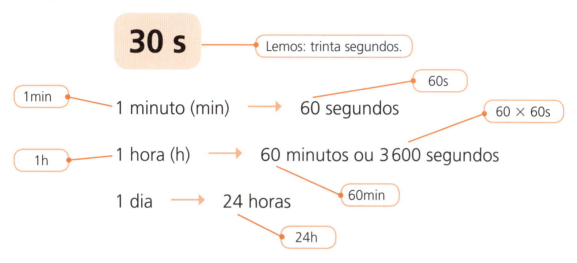

30 s — Lemos: trinta segundos.

1 min — 1 minuto (min) → 60 segundos — 60s
1 h — 1 hora (h) → 60 minutos ou 3 600 segundos — 60 × 60s
1 dia → 24 horas — 60min
— 24h

As medidas de tempo não são decimais. Por isso, não use a vírgula para representá-las.

2 horas e 30 minutos → 2h30min

5 horas, 40 minutos e 8 segundos → 5h40min8s

Saiba mais

O cronômetro

Nas provas de atletismo, é muito importante medir, com a maior exatidão possível, o tempo obtido pelos atletas.

Nas provas curtas, como as corridas de 800 metros, o tempo é medido em minutos, segundos e décimos (ou centésimos) de segundo. Por exemplo: Na Olimpíada de Londres, em 2012, o ouro feminino dos 800 metros foi conquistado em 1min56s19.

dezenove centésimos de segundo

Outras medidas de tempo

O tempo não é registrado somente em horas, minutos e segundos. Veja outras medidas de tempo:

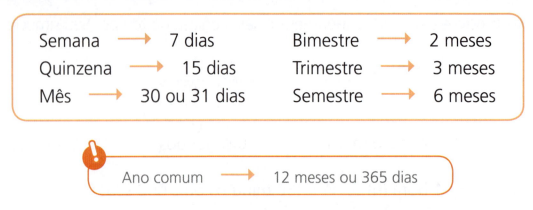

Ano comum é o tempo que a Terra leva para dar uma volta ao redor do Sol. No ano comum, o mês de fevereiro tem 28 dias.

No ano bissexto, o mês de fevereiro tem 29 dias.

Conheça também:

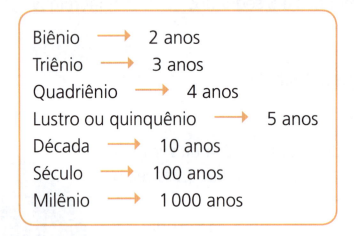

Você já sabe quais meses têm 30 dias e quais têm 31?

Veja os versos que Samira aprendeu:

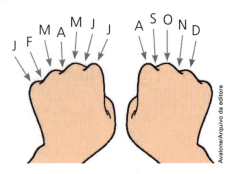

Trinta dias tem setembro,
abril, junho e novembro,
E os outros, que sete são,
trinta e um todos terão.

Pelos versos que Samira aprendeu, percebemos o seguinte:

- Meses de 30 dias: abril, junho, setembro e novembro.
- Meses de 31 dias: janeiro, março, maio, julho, agosto, outubro e dezembro.

Veja agora algumas frações das medidas de tempo:

$\frac{1}{4}$ de hora ⟶ 60 ÷ 4 ⟶ 15 minutos

$\frac{1}{2}$ hora ⟶ 60 ÷ 2 ⟶ 30 minutos

$\frac{3}{4}$ de hora ⟶ (60 ÷ 4) × 3 ⟶ 45 minutos

$\frac{1}{2}$ mês ⟶ 30 ÷ 2 ⟶ 15 dias

$\frac{1}{4}$ de ano ⟶ 12 ÷ 4 ⟶ 3 meses

$\frac{1}{2}$ ano ⟶ 12 ÷ 2 ⟶ 6 meses

ATENÇÃO! PARA FAZERMOS OPERAÇÕES MATEMÁTICAS, CONSIDERAMOS O MÊS COM 30 DIAS.

Sérgio Cântara/Arquivo da editora

Chegou a sua vez de ver as horas! Escreva que horas marcam os relógios abaixo. Siga o exemplo:

2 horas, 15 minutos e 30 segundos

antes do meio-dia

antes do meio-dia

após o meio-dia

após o meio-dia

Atividades

1 Calcule mentalmente e responda às perguntas.

a) Um relógio marca 15 horas e 35 minutos, mas está adiantado 20 minutos. Que horas são? _____

b) Rita viajou durante dois meses. Quantos dias ela viajou? _____

c) Numa cidade, choveu 13 dias no mês de junho. Durante quantos dias não choveu? _____

d) Rodrigo é um bebê de 8 meses. Quantos meses faltam para ele completar 1 ano? _____

e) Eduardo matriculou-se em um curso de computação que tem a duração de 1 semestre. Durante quantos meses ele fará o curso? _____

2 Observe no relógio a hora em que Sueli chegou ao cinema com seus filhos.

Agora, responda às perguntas:

a) Para assistir a **Super-Homem** na sessão das 18 horas, eles estavam adiantados ou atrasados? Quantos minutos?
_____

b) Para sair do cinema antes das 21 horas, que filme deveriam escolher? Por quê?
_____
_____

3 Os relógios digitais são práticos e precisos. Observe e escreva as horas que estes relógios estão marcando:

....

....

4 Veja o tempo médio que alguns animais levam para percorrer uma distância de 100 metros. Em seguida responda às questões.

aranha
8 minutos e 40 segundos

caracol
2 horas e 4 minutos

tartaruga-gigante
22 minutos

centopeia
3 minutos e
25 segundos

preguiça
22 minutos

a) Qual animal percorre os 100 metros mais rapidamente?

....

b) Em quantos segundos a aranha percorre os 100 metros?

....

c) Qual animal leva mais tempo para fazer o percurso?

....

d) Quais animais levam o mesmo tempo para fazer o percurso?

....

Ideias em ação

Frações

Material necessário
- régua
- tesoura sem pontas
- folhas do **Caderno de ideias em ação**

Nesta Unidade, você estudou números fracionários.

Recorte do **Caderno de ideias em ação** as figuras que representam fração.

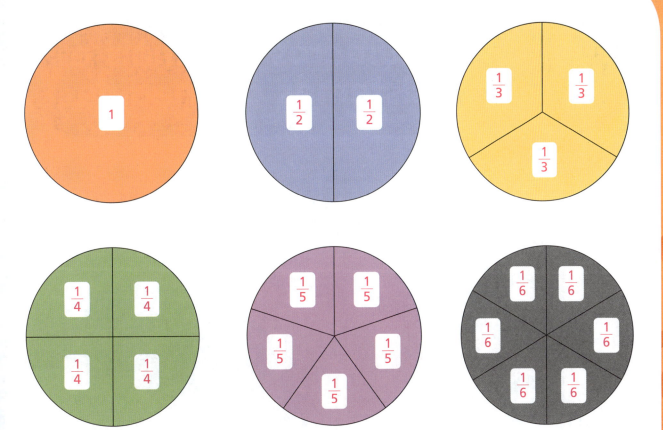

👥 Reúna-se em grupo com os colegas. Vence a brincadeira o grupo que levar menos tempo para responder corretamente a todas as questões.

- Quantos terços formam um inteiro? ....

- Quantos quartos de bolo são equivalentes a $\frac{1}{2}$ bolo? ....

- Quantos sextos são equivalentes a $\frac{2}{3}$? ....

- Em $\frac{8}{4}$ quantos inteiros há? ....

- Qual é maior: $\frac{1}{2}$ ou $\frac{2}{3}$? ....

- Em 3 inteiros, quantos quintos há? ....

- Marcela comprou $\frac{2}{3}$ de uma torta e Marlene, $\frac{4}{6}$ de outra torta de mesmo tamanho. Quem comprou a maior quantidade de torta?

....

UNIDADE 4

Números decimais e sistemas de medida

Vamos conversar?

- O que as crianças estão fazendo nesta cena?
- Em sua opinião, saber Matemática é importante para o que elas estão fazendo? Por quê?

O que vou estudar?

- Números decimais
- Medidas de comprimento
- Medidas de massa
- Medidas de capacidade

Capítulo 10 — Números decimais

● Noção de décimo

A turma de Flávia foi dividida em 10 grupos. Cada um pintará um pedaço do muro da escola.

Também é possível escrever $\frac{1}{10}$ em forma de número decimal.

Décimo: 0,1

Observe a figura.

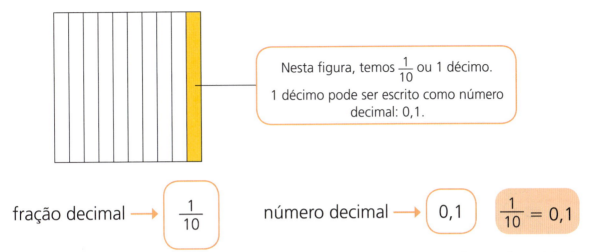

Nesta figura, temos $\frac{1}{10}$ ou 1 décimo.
1 décimo pode ser escrito como número decimal: 0,1.

fração decimal → $\frac{1}{10}$ número decimal → 0,1 $\frac{1}{10} = 0,1$

O **décimo** ocupa a **primeira ordem decimal** depois da vírgula ou da unidade.

Unidades	Décimos
0,	1

Veja o esquema a seguir:

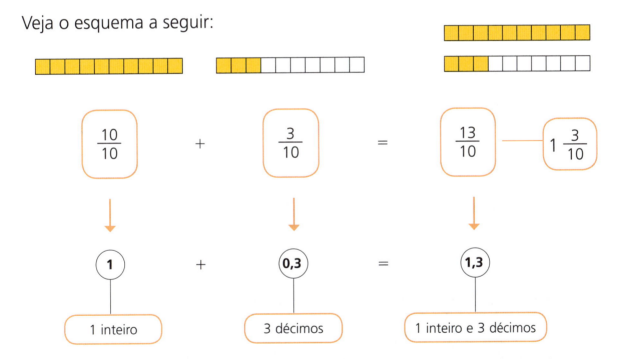

A vírgula separa a parte inteira da parte decimal.

Unidades	Décimos
1,	3

Atividades

1 Observe as figuras e complete escrevendo as frações e os números decimais correspondentes.

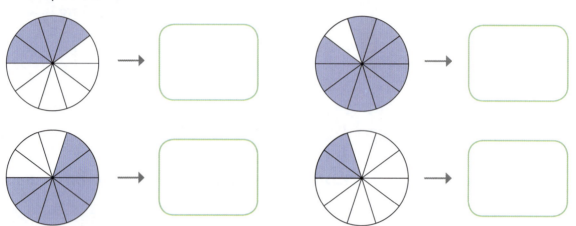

2 Pinte as partes correspondentes aos números decimais.

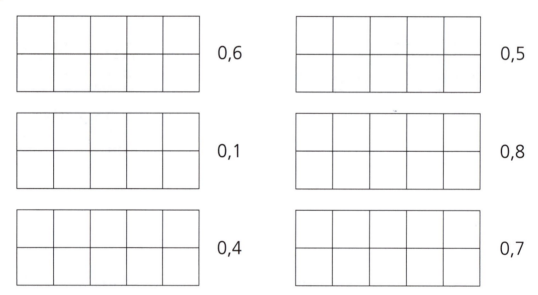

3 Observe as figuras e represente-as em forma de número decimal.

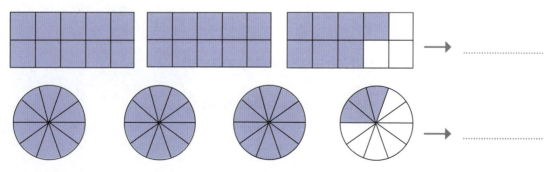

4 Escreva as frações por extenso e em forma de número decimais.

$\frac{6}{10}$ → SEIS DÉCIMOS → 0,6

a) $\frac{2}{10}$ → .... → ....

b) $\frac{8}{10}$ → .... → ....

c) $\frac{9}{10}$ → .... → ....

d) $\frac{7}{10}$ → .... → ....

e) $\frac{3}{10}$ → .... → ....

f) $\frac{1}{10}$ → .... → ....

5 Represente em forma de número decimal.

a) 58 décimos → ....

b) 3 décimos → ....

c) 9 décimos → ....

d) 24 décimos → ....

e) 66 décimos → ....

f) 100 décimos → ....

6 Transforme as frações em números decimais. Depois, escreva como você lê:

a) $\frac{14}{10}$ → .... → um inteiro e quatro décimos

b) $\frac{38}{10}$ → .... → ....

c) $\frac{55}{10}$ → .... → ....

d) $\frac{86}{10}$ → .... → ....

e) $\frac{29}{10}$ → .... → ....

f) $\frac{47}{10}$ → .... → ....

7 Complete o quadro:

	Unidades	Décimos	Representação fracionária
6,7	6	7	$6\frac{7}{10}$ ou $\frac{67}{10}$
3,1			
1,6			
9,9			
8,8			

Noção de centésimo

Beto dividiu o quadro abaixo em 100 partes iguais:

Olívia tem razão: 100 centésimos correspondem a **1 inteiro**.

Portanto, cada parte é **1 centésimo** da figura.

$$\frac{100}{100} = 1$$

fração decimal → $\frac{1}{100}$

número decimal → 0,01

$$\frac{1}{100} = 0,01$$

O **centésimo** ocupa a **segunda ordem decimal** depois da vírgula ou da unidade.

Unidades	Décimos	Centésimos
0,	0	1

OBSERVE A FIGURA.

1 centésimo → $\frac{1}{100} = 0,01$

0,10

10 centésimos → $\frac{10}{100} = \frac{1}{10} = 0,1$

10 centésimos é o mesmo que 1 décimo do total.
0,10 = 0,1

- **1 décimo** corresponde a **10 centésimos**. Veja.

O inteiro ou a **unidade** pode ser representada por **10 décimos** ou por **100 centésimos**.

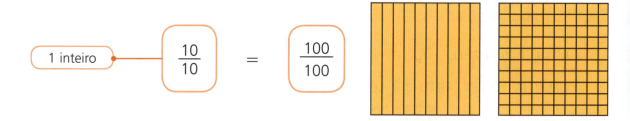

Continue observando:

$$\frac{100}{100} = 1 \qquad \frac{25}{100} = 0,25$$

$$\frac{100}{100} + \frac{25}{100} = \frac{125}{100} \text{ ou } 1\frac{25}{100}$$ → 1 inteiro e 25 centésimos

1 + 0,25 = 1,25 → 1 inteiro e 25 centésimos

Observe que a vírgula separa a parte inteira da parte decimal:

Unidades	Décimos	Centésimos
1,	2	5

Antes da vírgula, escrevemos as **unidades**. A primeira casa depois da vírgula é a dos **décimos**; a segunda casa é a dos **centésimos**.

Atividades

1 Observe a figura e faça o que se pede:

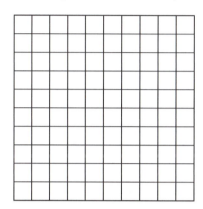

- Pinte $\frac{7}{100}$ de azul.
- Pinte $\frac{4}{100}$ de verde.
- Pinte $\frac{9}{100}$ de vermelho.

2 Observe as figuras e escreva a fração e o número decimal correspondentes:

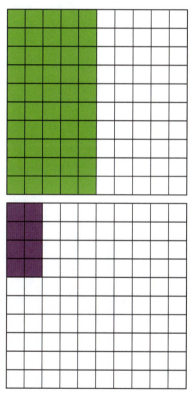

- Fração decimal:
- Número decimal: ....

- Fração decimal:
- Número decimal: ....

3 Use os símbolos <, > ou =.

a) $\frac{23}{100}$ 0,23

b) 1,87 2,65

c) $\frac{81}{100}$ .... $\frac{8}{100}$

d) 0,22 .... $\frac{22}{100}$

e) 1,45 4,51

f) $\frac{25}{100}$ .... $\frac{5}{100}$

4 Você já conhece a **unidade**, o **décimo** e o **centésimo**, que vamos representar assim:

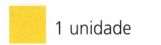

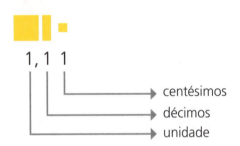

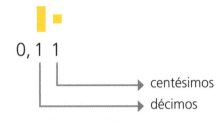

- Agora escreva o número decimal representado:

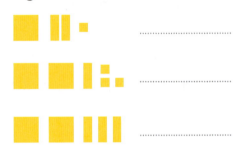

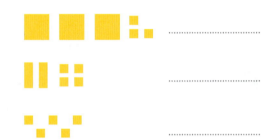

5 Escreva como se lê.

a) 1,27 → ....

b) 0,42 → ....

c) 0,03 → ....

6 Complete o quadro. Veja o exemplo:

	Unidades	Décimos	Centésimos
0,03	0,	0	3
1,62			
3,48			
0,17			
2,16			

Noção de milésimo

Rafaela apostou com Felipe que dividiria um retângulo em 1 000 partes iguais. Observe:

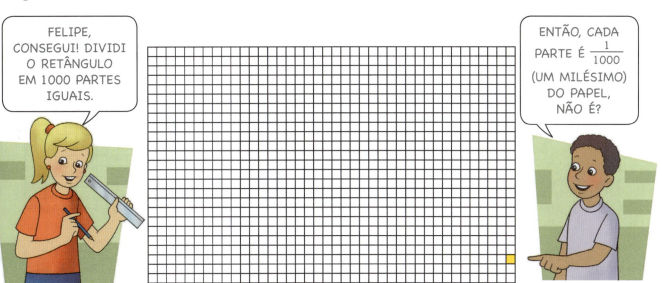

Felipe tem razão. Cada parte corresponde a **um milésimo**. Note que o retângulo inteiro corresponde a **1 000 milésimos**. Assim, **1 inteiro** equivale a **1 000 milésimos**.

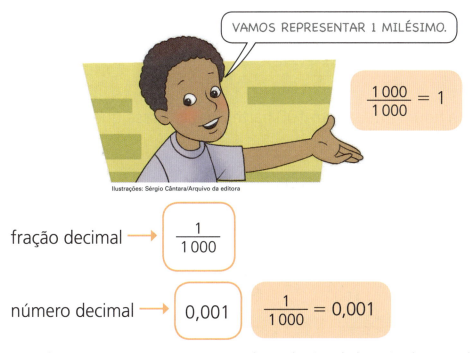

fração decimal → $\dfrac{1}{1\,000}$

número decimal → 0,001 $\dfrac{1}{1\,000} = 0{,}001$

O milésimo ocupa a terceira ordem decimal depois da vírgula.

Unidades	Décimos	Centésimos	Milésimos
0,	0	0	1

OBSERVE A FIGURA.

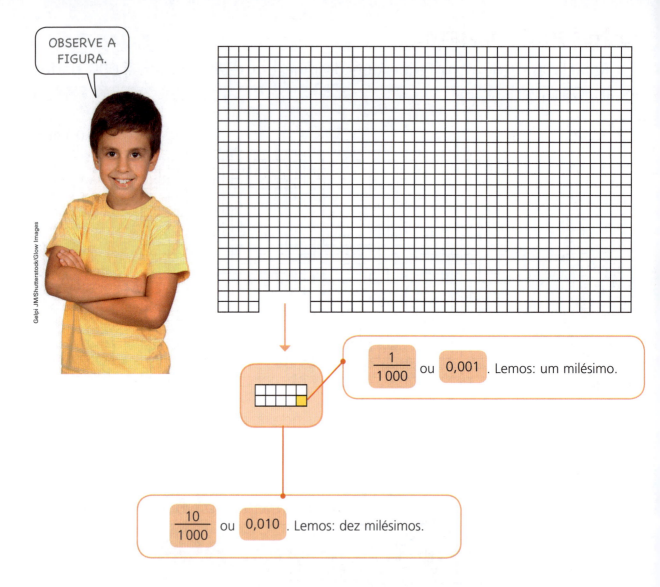

$\frac{1}{1\,000}$ ou $0{,}001$. Lemos: um milésimo.

$\frac{10}{1\,000}$ ou $0{,}010$. Lemos: dez milésimos.

Observe que a figura inteira tem 100 partes iguais a essa que foi destacada.

$$\frac{10}{1\,000} \times 100 = \frac{1\,000}{1\,000} = 1$$

$$1 = \frac{1\,000}{1\,000} = \frac{100}{100} = \frac{10}{10}$$

1 =
1 unidade
equivale a

1,000 =
1 000
milésimos

1,00 =
100
centésimos

1,0 =
10
décimos

Atividades

1 Observe a figura e represente sob a forma de fração decimal e de número decimal correspondente.

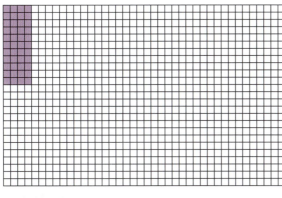

- Fração decimal:
- Número decimal: _____

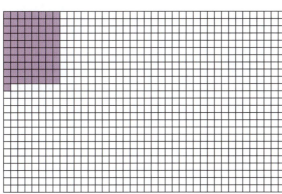

- Fração decimal:
- Número decimal: _____

2 Responda às perguntas.

a) Quantos centésimos tem 1 inteiro? E quantos milésimos?

....

b) Com 140 centésimos, pode-se formar 1 inteiro? Sobram centésimos? Quantos?

....

c) Com 1012 milésimos, pode-se formar 1 inteiro? Sobram milésimos? Quantos?

....

d) Com 18 décimos, pode-se formar 1 inteiro? Sobram décimos? Quantos?

....

3 Faça a leitura e escreva o número decimal correspondente:

$\dfrac{3}{1000}$ → TRÊS MILÉSIMOS → 0,003

a) $\dfrac{5}{1000}$ → .... → ....

b) $\dfrac{2}{1000}$ → .... → ....

c) $\dfrac{17}{1000}$ → .... → ....

d) $\dfrac{182}{1000}$ → .... → ....

e) $\dfrac{201}{1000}$ → .... → ....

f) $\dfrac{98}{1000}$ → .... → ....

4 Represente sob a forma de fração decimal.

a) 0,02 → ☐

b) 0,142 → ☐

c) 3,007 → ☐

d) 0,8 → ☐

e) 0,61 → ☐

f) 7,05 → ☐

5 Complete corretamente o quadro:

Representação fracionária	Representação decimal	Escrita por extenso
$\frac{7}{100}$		
$\frac{23}{1\,000}$		
$\frac{3}{10}$		
$\frac{15}{10}$		

6 Observe as peças do material dourado e escreva com algarismos o número representado em cada caso.

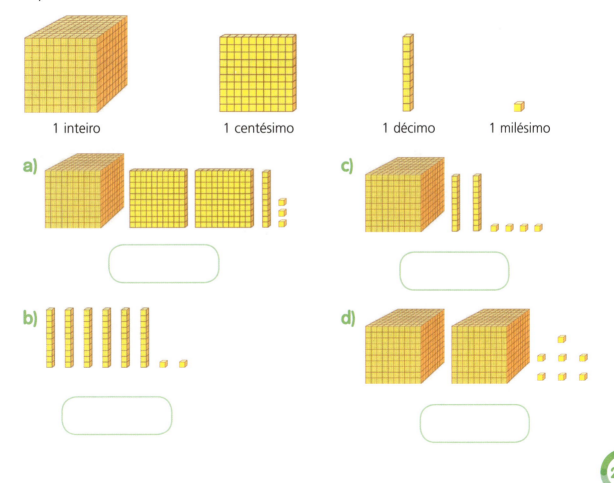

Relação entre décimo e dezena, centésimo e centena, milésimo e milhar

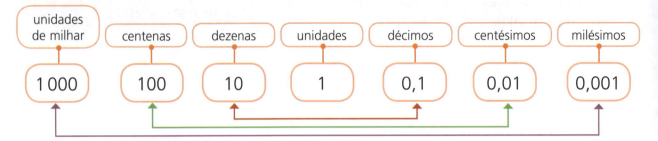

O **DÉCIMO** É **10 VEZES MENOR** QUE A UNIDADE.
A **DEZENA** É **10 VEZES MAIOR** QUE A UNIDADE.

O **CENTÉSIMO** É **100 VEZES MENOR** QUE A UNIDADE.
A **CENTENA** É **100 VEZES MAIOR** QUE A UNIDADE.

O **MILÉSIMO** É **1000 VEZES MENOR** QUE A UNIDADE.
O **MILHAR** É **1000 VEZES MAIOR** QUE A UNIDADE.

A vírgula está sempre disposta depois das unidades (ou da parte inteira) de um número decimal.

Observe os números decimais neste quadro.

Milhares	Centenas	Dezenas	Unidades	Décimos	Centésimos	Milésimos	
		1	2,	8			12,8
	3	1	7,	6	5		317,65
2	1	9	4,	1	7	3	2 194,173

Decompondo os números, temos:

12,8 → 1 dezena, 2 unidades e 8 décimos

Lemos: 12 inteiros e 8 décimos.

317,65 → 3 centenas, 1 dezena, 7 unidades, 6 décimos e 5 centésimos

Lemos: 317 inteiros e 65 centésimos.

2 194,173 → 2 milhares, 1 centena, 9 dezenas, 4 unidades, 1 décimo, 7 centésimos e 3 milésimos

Lemos: 2 194 inteiros e 173 milésimos.

Comparações entre números decimais

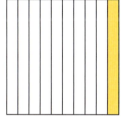

$$\frac{1}{10} = 0{,}1$$

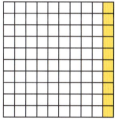

$$\frac{10}{100} = 0{,}10$$

Quando os números decimais tiverem:

o partes inteiras diferentes, o maior é o que tiver a maior parte inteira.

$$\mathbf{2},87 < \mathbf{3},07$$

o a mesma parte inteira, comparamos seus décimos. O número que tiver o maior décimo é o maior.

$$1,\mathbf{8}7 > 1,\mathbf{7}8$$

o partes inteiras iguais e décimos iguais, comparamos então seus centésimos, e assim por diante.

$$2,7\mathbf{5} > 2,7\mathbf{3}$$

Atividades

1) Circule:

- O número que tem o 3 na ordem dos milésimos:

    3,41   1,32

    2,003   6,034

- O número que tem a maior parte inteira.

    2,189   218,9

    21,893   2,18937

- O número que vale o mesmo que 0,06.

    0,600   0,6

    6,0   0,0600

- O número que tem o 2 na ordem dos décimos.

    8,02   1,24

    2,36   5,002

2) Use >, < ou = e compare os números decimais.

a) 7,28 8,23

b) 8,72 8,720

c) 6,71 6,73

d) 3,459 3,452

e) 9,32 9,30

f) 1,419 1,5

● Operações com números decimais

Adição

Observe os exemplos e veja como adicionamos números decimais:

$$1 + 0,2 + 0,4 = 1,6$$

Unidades	Décimos
1,	0
0,	2
+ 0,	4
1,	6

$$0,31 + 1,5 + 1,42 = 3,23$$

Unidades	Décimos	Centésimos
¹0,	3	1
1,	5	0
+ 1,	4	2
3,	2	3

Para adicionar números decimais, é preciso:

1º – Escrever os números, um embaixo do outro de modo que as ordens se correspondam (assim, uma vírgula está embaixo de outra vírgula).

2º – Igualar o número de casas decimais (onde não houver algarismos, completar com zeros).

3º – Adicionar os números do mesmo modo que se faz com números inteiros.

4º – Na soma, a vírgula também estará sempre depois da unidade (e alinhada com as vírgulas das parcelas).

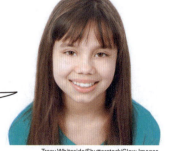

NÃO SE ESQUEÇA DE COLOCAR SEMPRE VÍRGULA EMBAIXO DE VÍRGULA, UNIDADES EMBAIXO DE UNIDADES, DÉCIMOS EMBAIXO DE DÉCIMOS...

Tracy Whiteside/Shutterstock/Glow Images

Atividades

1 Arme e efetue.

a) 2 + 0,3 + 0,9 = _____

Unidades	Décimos

b) 1,2 + 0,4 + 0,06 = _____

Unidades	Décimos	Centésimos

c) 2 + 0,7 + 1,2 = _____

Unidades	Décimos

d) 0,5 + 0,13 + 0,94 = _____

Unidades	Décimos	Centésimos

e) 22 + 0,31 + 5,084 = _____

Dezenas	Unidades	Décimos	Centésimos	Milésimos

f) 4,81 + 0,3 + 2,641 = _____

Unidades	Décimos	Centésimos	Milésimos

2 Arme e efetue no caderno. Depois escreva os resultados.

a) 0,8 + 3,25 + 4 = _____

b) 1,835 + 2,062 = _____

c) 0,36 + 2,18 + 1,84 = _____

d) 35 + 2,745 = _____

3 Michele precisa comprar três itens para o seu material escolar. Observe os preços que ela pesquisou em três lojas diferentes. Calcule o preço total em cada loja e responda às perguntas.

	Loja da Maria	Bazar Desconto	Papelaria Joana
Caderno	10,00	8,90	9,50
Caneta	1,70	1,90	2,20
Lápis	0,70	1,00	0,90
Preço total			

a) Em qual loja o preço total é maior? _____

b) Em qual loja o preço total é menor? _____

c) Qual é o item mais caro, e em que loja? _____

Subtração

$$1,4 - 0,3 = 1,1$$

Unidades	Décimos
1,	4
− 0,	3
1,	1

$$3,42 - 1,24 = 2,18$$

Unidades	Décimos	Centésimos
3,	4̶ ³	¹ 2
− 1,	2	4
2,	1	8

DE 2 CENTÉSIMOS NÃO POSSO TIRAR 4 CENTÉSIMOS. PRECISO TROCAR 1 DÉCIMO POR 10 CENTÉSIMOS.

Para subtrair números decimais, é preciso:

1º – Escrever o subtraendo embaixo do minuendo, de modo que as ordens se correspondam (assim, uma vírgula estará embaixo da outra vírgula).

2º – Igualar os números de casas decimais (onde não houver algarismos, completamos com zeros).

3º – Subtrair os números do mesmo modo que se faz com números inteiros. No resultado da subtração a vírgula também deve estar alinhada com as vírgulas dos dois termos.

Atividades

1 Arme e efetue.

a) 1,4 − 0,1 = _____

Unidades	Décimos

b) 1,72 − 0,89 = _____

Unidades	Décimos	Centésimos

c) 4,8 − 1,7 = _____

Unidades	Décimos

d) 3 − 0,4 = _____

Unidades	Décimos

e) 8,642 − 6,451 = _____

Unidades	Décimos	Centésimos	Milésimos

2 Arme e efetue as operações no caderno. Depois escreva os resultados.

a) 1,3 + 0,15 = ...

b) 4 − 2,75 = ...

c) 2 − 1,36 = ...

d) 16,74 − 3,9 = ...

e) 6 + 0,24 = ...

f) 4,69 − 1,487 = ...

3 Complete a sequência de acordo com as flechas coloridas. Calcule mentalmente.

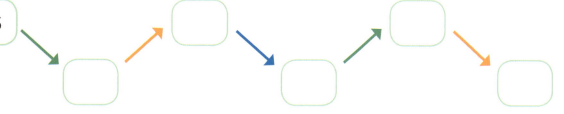

4 Complete com os números que faltam. Faça os cálculos no caderno.

a) 14,8 + ... = 21,02

b) .... + 12,8 = 53,8

c) .... − 13,2 = 72

d) 21,52 − .... = 8,36

Ler, refletir e resolver

1 Jéssica nasceu com 3,25 quilos. Um mês depois, já tinha ganhado 0,65 quilo. Quantos quilos Jéssica tinha com um mês de vida?

2 Luís mede 1,20 metro e Márcio, 1,65 metro. Quem é o mais alto e quanto mede a mais?

3 Quanto falta a 79 centésimos para atingir o inteiro?

4 De uma garrafa de 1,5 litro de suco, Eliza tomou um copo de 0,25 litro e Leonardo, um copo de 0,35 litro. Quanto suco restou na garrafa?

Multiplicação

Para aprender a multiplicar números decimais, acompanhe o exemplo a seguir.

- Rita comprou 3 lápis pagando R$ 0,75 por cada um. Quanto Rita gastou no total?

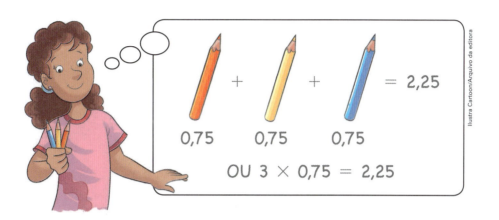

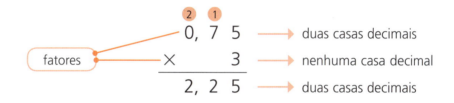

Rita gastou R$ 2,25.

Para multiplicar números decimais, é preciso:

1º – Multiplicar os números como se fossem inteiros.

2º – Contar as casas decimais dos fatores (as do multiplicando com as do multiplicador) e colocar a vírgula no produto de acordo com o total de casas, partindo-se da direita para a esquerda.

Na multiplicação de números decimais na forma de nossa moeda (real), procedemos da mesma maneira, só que no produto cortamos as casas decimais após os centavos.

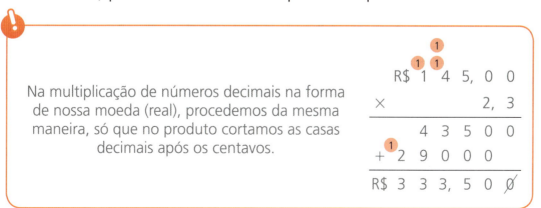

Atividades

1 Observe as figuras e complete como no exemplo:

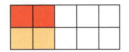

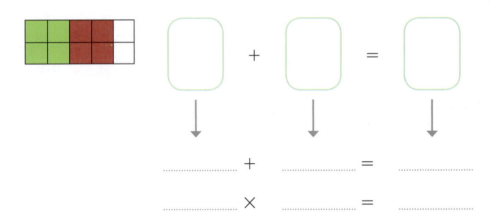

$$\frac{2}{10} + \frac{2}{10} = \frac{4}{10}$$

$$0,2 + 0,2 = 0,4$$

$$\begin{array}{r} 0,2 \\ \times 2 \\ \hline 0,4 \end{array}$$

$$2 \times 0,2 = 0,4$$

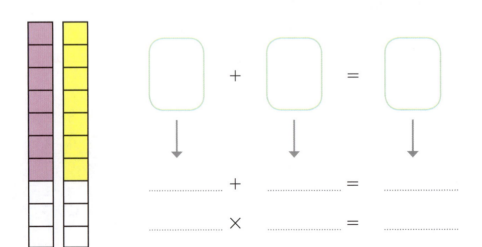

2 Calcule.

> LEMBRE-SE DE QUE DEVEMOS CORTAR AS CASAS DECIMAIS NO PRODUTO, APÓS OS CENTAVOS.

R$ 350,00 × 0,12 = _____

R$ 600,00 × 0,275 = _____

3 Efetue.

a)
```
    3,8
×     3
───────
```

b)
```
   12,3
×   2,4
───────
```

c)
```
   7,34
×     4
───────
```

d)
```
   2,35
×   1,6
───────
```

e)
```
   6,42
×     5
───────
```

f)
```
  10,54
×   0,3
───────
```

● **Ler, refletir e resolver**

❶ Observe os produtos anunciados neste folheto:

a) Gustavo comprou uma TV LCD e um celular pagando à vista. Quanto ele pagou ao todo?

b) Raquel comprou um computador e um refrigerador a prazo. Calcule o valor total de cada prestação e preencha o cheque para o pagamento da primeira.

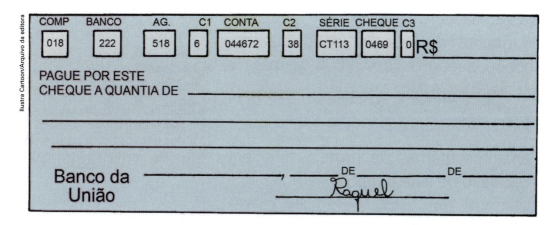

c) Quanto Raquel economizaria se pagasse essas mercadorias à vista?

d) É vantajoso comprar qual dos aparelhos a prazo? Por quê?

2 Se um metro de renda custa R$ 3,00, quanto custarão 2,3 metros?

3 Veja, ao lado, a composição média de 100 gramas de leite em pó desnatado. Sabendo que 1 quilo = 1 000 gramas e que 100 gramas = 0,1 quilo, responda às perguntas:

Composição média por 100 g de pó	
Gordura	máximo 1,0 g
Proteínas	35,3 g
Lactose	51,9 g
Sais minerais	7,8 g
Água	4,0 g
Valor energético 1 copo = 72 kcal	
Valor energético 1 litro = 358 kcal	
Teor de gordura 1 litro = 0,1%	

a) Quantos gramas de proteínas há em 0,2 quilo de leite em pó?

b) Quantos gramas de lactose há em 0,3 quilo de leite em pó?

c) Quantos gramas de sais minerais há em 0,5 quilo de leite em pó?

Multiplicação de um número decimal por 10, 100 e 1000

Multiplicação por 10

1,37 × 10 = 13,7

4,2 × 10 = 42 ⟶ 42,0 = 42

Para multiplicar um número decimal por 10, basta deslocar a vírgula uma casa para a direita, pois assim cada algarismo assume uma ordem de valor igual a 10 vezes a ordem inicial.

Multiplicação por 100

8,194 × 100 = 819,4

5,60 × 100 = 560 ⟶ 560,0 = 560

Para multiplicar um número decimal por 100, basta deslocar a vírgula duas casas para a direita, pois assim cada algarismo assume uma ordem de valor igual a 100 vezes a ordem inicial.

Multiplicação por 1000

4,316 × 1000 = 4 316 ⟶ 4316,0 = 4316

Para multiplicar um número decimal por 1 000, basta deslocar a vírgula três casas para a direita, pois assim cada algarismo assume uma ordem de valor igual a 1 000 vezes a ordem inicial.

● Divisão de um número decimal por 10, 100 e 1000

AGORA ANDO COM A VÍRGULA PARA A ESQUERDA. ASSIM OS ALGARISMOS ASSUMEM ORDENS MENORES!

Divisão por 10

53,9 ÷ 10 = 5,39

2,18 ÷ 10 = 0,218 — Acrescenta-se um zero à esquerda.

Para dividir um número decimal por 10, basta deslocar a vírgula uma casa para a esquerda. Assim cada algarismo assume uma ordem de valor 10 vezes menor.

Divisão por 100

158,9 ÷ 100 = 1,589

2,3 ÷ 100 = 0,023 — zeros à esquerda

Para dividir um número decimal por 100, basta deslocar a vírgula duas casas para a esquerda. Assim, cada algarismo assume uma ordem de valor 100 vezes menor.

Divisão por 1000

23 758,8 ÷ 1 000 = 23,7588

63,5 ÷ 1 000 = 0,0635 — zeros à esquerda

Para dividir um número decimal por 1 000, basta deslocar a vírgula três casas para a esquerda. Assim, cada algarismo assume uma ordem de valor 1 000 vezes menor.

Atividades

1 Efetue.

a) 2,9 × 10 = ...

b) 12,8 ÷ 10 = ...

c) 45,390 × 1 000 = ...

d) 328,15 ÷ 10 = ...

e) 2 428,2 ÷ 1 000 = ...

f) 558,9 ÷ 10 = ...

g) 0,435 × 1 000 = ...

h) 16,18 × 10 = ...

i) 78,2 ÷ 100 = ...

j) 78,5 ÷ 1 000 = ...

k) 0,01 × 1 000 = ...

l) 280,9 ÷ 1 000 = ...

m) 34 ÷ 10 = ...

n) 95,9 × 100 = ...

2 Multiplique os seguintes números decimais por 1 000.

a) 0,368 → ....

b) 0,089 → ....

c) 9,143 → ....

d) 0,007 → ....

e) 2,45 → ....

f) 0,6 → ....

3 Veja o exemplo e complete.

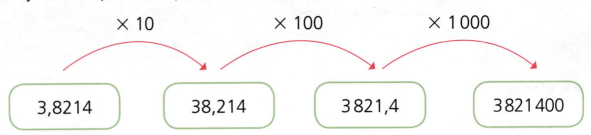

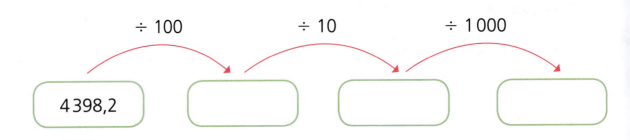

4 398,2 ÷ 100 = 43,982; ÷ 10 = 4,3982; ÷ 1 000 = 0,0043982

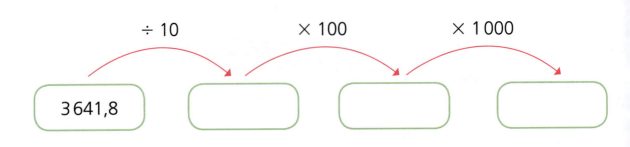

3 641,8 ÷ 10 = 364,18; × 100 = 36 418; × 1 000 = 36 418 000

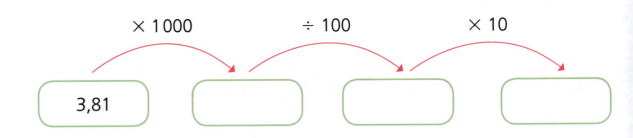

3,81 × 1 000 = 3 810; ÷ 100 = 38,1; × 10 = 381

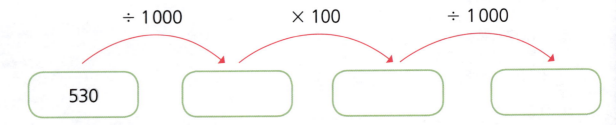

530 ÷ 1 000 = 0,53; × 100 = 53; ÷ 1 000 = 0,053

Matemática e diversão

A trilha da calculadora

Para caminhar na trilha, você vai precisar de uma calculadora. Antes de iniciar, conheça um pouco mais uma calculadora.

Usando a calculadora, efetue as operações indicadas e preencha os espaços. Encontrando o resultado da CHEGADA, sua caminhada terá sido excelente. Caso não encontre esse resultado, refaça os cálculos.

O tema é...
Por um mundo melhor

Muitos países estão criando leis para tornar os negócios comerciais e financeiros mais justos. Pessoas e companhias desrespeitam a lei porque práticas não éticas podem gerar bastante dinheiro. No entanto, boas práticas de negócios podem ser ainda mais lucrativas. Bem-vindo ao mundo dos negócios éticos.

Quem quer dinheiro?, de Alvin Hall. São Paulo: Caramelo, 2009. p. 84.

Bancos para os pobres

Muhammad Yunus, um economista de Bangladesh, criou o Grameen Bank, que é um banco que faz pequenos empréstimos a pessoas muito pobres. Como as taxas de juros são muito baixas, quase todo o dinheiro é pago de volta. Assim, o banco consegue obter algum lucro e ajudar muitas pessoas.

Quem quer dinheiro?, de Alvin Hall. São Paulo: Caramelo, 2009. p. 85.

Você já ouviu falar em **dívidas** ou **pessoas endividadas**? Quando uma pessoa, por qualquer razão, precisa de uma quantia em dinheiro e não a possui, ela pode fazer um **empréstimo**, ficando endividada.

Geralmente, os empréstimos são feitos em bancos ou instituições bancárias. No entanto, os bancos cobram **juros**, quase sempre altíssimos, para fazer os empréstimos. Juros são os valores que se acrescentam a uma determinada quantia a serem pagos no futuro, com o valor inicial da dívida.

Aqui no Brasil, por exemplo, os bancos costumam cobrar juros de até **10% (dez por cento)** ao mês! Veja o que isso significa na prática: 10% é o mesmo que dez centésimos, 0,10 ou $\frac{10}{100}$, como você já aprendeu. Note também que as frações $\frac{10}{100}$ e $\frac{1}{10}$ são equivalentes. Portanto, nesse caso, para calcular os juros embutidos no valor a ser pago ao final, dividimos a quantia por 10 e adicionamos o resultado ao valor inicial da dívida.

Observe o exemplo: João tomou **R$ 1435,00** emprestados, pois teve despesas médicas extras. No fim de um mês, em vez de pagar o valor emprestado (R$ 1 435,00), pagará esse valor acrescido de 10% ou $\frac{1}{10}$ da quantia inicial. Um décimo de R$ 1 435,00 corresponde a R$ 143,50. Ou seja, João pagará **R$ 143,50 só de juros**, isso se conseguir pagar a dívida em apenas um mês! No total, pagará R$ 1 435 + R$ 143,50 = **R$ 1578,50**.

Muitas vezes uma pessoa faz um empréstimo e depois não consegue pagá-lo, já que, em razão dos juros, o valor a pagar torna-se muito alto.

O pior é que os juros são acumulativos, isto é, a cada mês, a taxa de juros é aplicada sobre o valor do mês anterior.

Tânia pediu um empréstimo de R$ 2 000,00 reais à taxa de juros de 10% ao mês.

- Calcule o valor da dívida ao final do primeiro mês.
- Sobre o valor encontrado, aplique novamente os juros de 10% ao mês. Qual o valor total da dívida ao final de dois meses?
- Qual a diferença entre o valor tomado como empréstimo e o valor devido ao final de dois meses?

Reflita com seus colegas sobre esse exemplo em comparação com a proposta do Grameen Bank criado pelo indiano Muhammad Yunus.

Capítulo 11 — Medidas de comprimento

Você conhece alguma profissão em que são utilizadas as medidas de comprimento?

● Unidade fundamental: o metro

Como o ser humano aprendeu a medir as coisas?

No início, usava partes de seu próprio corpo, como pés e mãos, cujos comprimentos passaram a ser as primeiras unidades de medida.

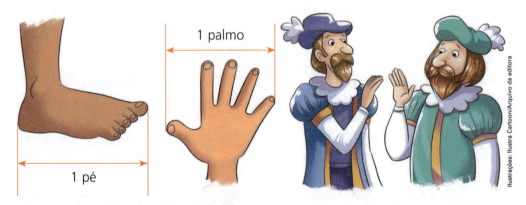

Como as pessoas têm mãos e pés de diferentes tamanhos, um mesmo comprimento tinha medidas diferentes.

Para evitar problemas desse tipo, em 1790 foi criado na França o sistema métrico. E o metro foi adotado como unidade fundamental para determinar comprimentos.

Com o metro, é possível medir o comprimento de um muro, a altura de um poste, a distância entre duas árvores e muitas outras coisas.

Ilustrações: Ilustra Cartoon/Arquivo da editora

O **metro** é a unidade fundamental das medidas de comprimento. Seu símbolo é **m**.

● Múltiplos e submúltiplos do metro

Seu Zacarias é agrimensor, isto é, medidor de terras. Para fazer seu trabalho, medindo grandes distâncias, ele usa **medidas maiores que o metro**.

Carol está medindo seu caderno. Ela usa uma **medida menor que o metro** para medir um pequeno comprimento.

Os **múltiplos do metro** são unidades maiores que o metro.

O múltiplo do metro mais usado é o **quilômetro (km)**; ele é utilizado para medir grandes distâncias.

Os **submúltiplos do metro** são unidades menores que o metro.

O submúltiplo do metro mais usado é o **centímetro (cm)**.

Nas réguas escolares, temos o centímetro e, também, o **milímetro (mm)**, que é outro submúltiplo do metro.

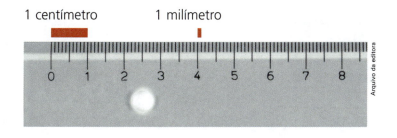

Atividades

1) Com um colega, meça o comprimento e a largura da lousa usando palmos e escreva abaixo. Depois que cada um medir, comparem as medidas obtidas.

....

○ Vocês encontraram o mesmo resultado de palmos? Por quê?

....

2) Usando uma régua, meça o comprimento e a largura de seu livro de Matemática e anote:

comprimento → .... largura → ....

○ Compare as medidas que você encontrou com as de um colega. O que aconteceu? Por quê? ....

....

3) Complete as sentenças com a unidade de medida adequada: metros, centímetros, milímetros ou quilômetros.

a) Uma lapiseira tem 15 .... de comprimento.

b) Uma pulga tem aproximadamente 3 ....

c) Daniel mora num prédio de 25 .... de altura.

d) A distância entre São Paulo e Brasília é de aproximadamente 1 100 ....

4) Usando uma régua, meça o comprimento aproximado de cada um dos objetos que aparecem nas fotos, em centímetros e em milímetros:

.... cm ou .... mm   .... cm ou .... mm

Capítulo 11 – Medidas de comprimento

5) Faça uma estimativa, em centímetros, do comprimento dos objetos que aparecem nas fotos. Depois, meça com a régua para verificar se acertou. Escreva a medida encontrada.

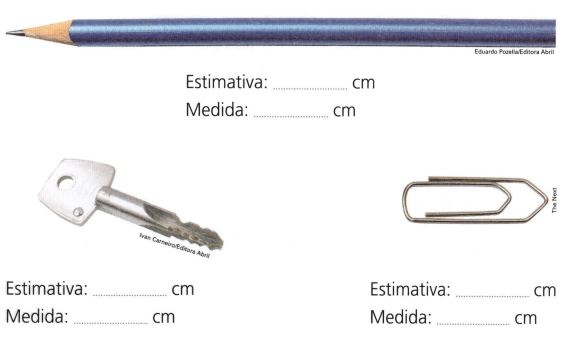

Estimativa: _____ cm
Medida: _____ cm

Estimativa: _____ cm
Medida: _____ cm

Estimativa: _____ cm
Medida: _____ cm

6) Assinale com um **X** a melhor estimativa para as medidas reais.

pilha
○ 5 m
○ 5 cm
○ 5 mm

termômetro
○ 12 cm
○ 12 m
○ 12 mm

ovo de beija-flor
○ 12 cm
○ 1,2 cm
○ 120 cm

girafa
○ 40 cm
○ 4 m
○ 400 mm

golfinho
○ 250 m
○ 25 000 mm
○ 2,5 m

joaninha
○ 5 cm
○ 5 m
○ 5 mm

Mudanças de unidade

Metro, centímetro e milímetro

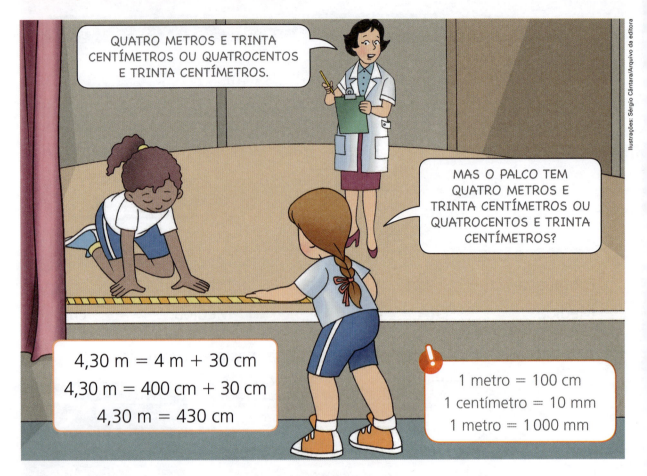

Quilômetro

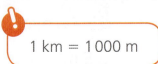

Atividades

1 Complete com o valor equivalente:

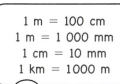

1 m = 100 cm
1 m = 1 000 mm
1 cm = 10 mm
1 km = 1000 m

a) 3 m = _____ cm

b) 1,8 m = _____ mm

c) 15,2 m = _____ cm

d) 9,1 cm = _____ mm

e) 10 km = _____ m

f) 4 000 m = _____ km

g) 4,8 km = _____ m

h) 3 200 cm = _____ m

i) 173 cm = _____ m

2 Quem não corre voa! Observe os quadros e responda às questões.

Animal	Velocidade
abelha	17 km/h
águia	160 km/h
andorinha	170 km/h
borboleta	32 km/h

Animal	Velocidade
falcão	160 km/h
gaivota	60 km/h
pombo	100 km/h

km/h significa: quilômetros por hora.

O guia dos curiosos, de Marcelo Duarte. São Paulo: Companhia das Letras.

a) Qual desses animais é o mais veloz?

b) Qual é o animal que voa 32 000 metros por hora?

c) Qual dos animais é o mais lento?

d) Quais animais voam com a mesma velocidade?

e) Quantos metros por hora o pombo voa?

3 Leia o texto e depois observe o gráfico para responder às questões.

O guepardo é o mamífero mais rápido do mundo. Pode atingir a velocidade de 110 km/h. Já o homem alcança um máximo de 43 km/h.

O guia dos curiosos, de Marcelo Duarte. São Paulo: Companhia das Letras.

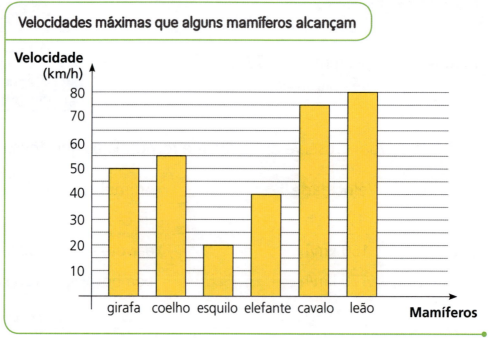

a) Qual é o animal mais veloz?

....

b) Qual é a velocidade do elefante?

....

c) Quantos metros por hora o esquilo corre?

....

d) Quantos quilômetros por hora o leão corre a mais que o coelho?

....

e) Quantos metros por hora o cavalo corre a mais que a girafa?

....

Ler, refletir e resolver

Faça em seu caderno

1. Camila tem 1,45 m de altura e sua mãe, 1,65 m. Quantos centímetros faltam para Aline atingir a altura de sua mãe?

2. Ricardo mediu a altura do muro de sua casa, tomando como unidade uma vareta de meio metro. Achou como resultado 5 varetas. Que altura tem o muro?

3. Fernando comprou um rolo de barbante grosso para fazer fieira de jogar pião. O rolo tem 20 m e cada fieira utiliza 150 cm. Quantas fieiras Fernando pôde fazer? Sobrou algum pedaço de barbante? Quanto?

4. Para brincar de cama de gato, Lucinha e seus vizinhos usam pedaços de barbante de 1,25 m de comprimento. Quantos metros de barbante serão necessários para que cada uma das 7 crianças tenha seu próprio pedaço?

5. Este é um problema "brincalhão":

   A aranha não se acanha.
   Com seu novelo de linha,
   trança onde quer sua teia, escolhe
   quem quer por vizinha

   Casinhas de bichos, de Hardy Guedes
   Alcoforado Filho. São Paulo: Scipione.

   A aranha fabricou sua teia com 10 m de fio. Fez também uma pequena teia para sua sobrinha, usando somente 7,5 m. Como sua cunhada gorduchinha veio morar na mesma árvore, construiu mais uma teia, bem maior, com 16,25 m. Quantos metros de fio a aranha usou para fazer as três teias?

● Ideia de perímetro

Jaqueline quer fazer uma surpresa para seu pai. Ela vai colocar uma moldura ao redor da gravura que ele ganhou.

Jaqueline encontrou as seguintes medidas:

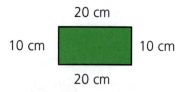

Os **lados maiores** da gravura medem 20 cm cada um. Os **lados menores** da gravura medem **10 cm** cada um. Adicionando-se os quatro lados:

> 20 cm + 20 cm + 10 cm + 10 cm = 60 cm

60 cm é a **medida do contorno** da gravura. Então, Jaqueline vai usar 60 cm de moldura. Essa medida do contorno chama-se **perímetro**.

O avô de Jonas quer colocar tela em volta de um galinheiro quadrado de 2 m de lado. Quantos metros de tela serão necessários?

> 2 m + 2 m + 2 m + 2 m = 8 m

Serão necessários 8 metros de tela.

> O **perímetro** é a soma das medidas dos lados de um polígono.

Atividades

1) Observe as figuras, construídas com palitos. Qual é o perímetro de cada figura, em palitos?

Perímetro do quadrado: ....

Perímetro do triângulo: ....

2) Determine o perímetro das figuras a seguir. Observe as medidas dos lados de cada uma.

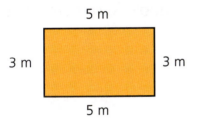 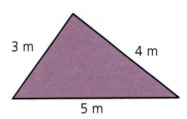

Perímetro: .... Perímetro: ....

3) Calcule as medidas desconhecidas em cada polígono:

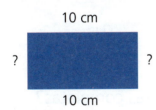 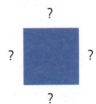 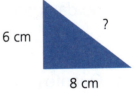

Perímetro = 30 cm Perímetro = 12 cm Perímetro = 24 cm

Ler, refletir e resolver

Faça em seu caderno

1 Qual é o perímetro de uma sala quadrada de 6,5 m de lado?

2 A mãe de Rodrigo colocou uma renda em volta de uma toalha quadrada de 2,50 m de lado. Quantos metros de renda ela usou?

3 José comprou um rolo de arame de 40 m para cercar uma área que mede 5,70 m de comprimento e 3,80 m de largura. Quantos metros de arame ele gastou? Quantos metros de arame restaram do rolo?

4 Quantos metros de tela serão necessários para cercar um jardim que tem a forma de um hexágono regular com 3 m de lado? Se o metro da tela custa R$ 5,00, quanto será gasto?

5 Observe a quadra de esportes de uma escola:
Na aula de Educação Física, antes de começar o jogo, os alunos dão algumas voltas ao redor da quadra para se aquecerem.

a) Qual é a medida, em metros, do contorno da quadra de esportes?

b) Quantos metros os alunos percorrerão em 3 voltas completas?

6 Na escola de Daniel, a quadra de basquete tem 40 m de comprimento e 32 m de largura. Qual é a medida do perímetro da quadra?

Ideia de área

Você aprendeu que a medida do contorno de qualquer figura plana é denominada perímetro. Veja agora o que é **área**.

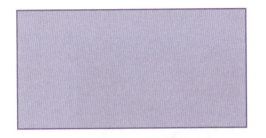 

Nesse retângulo cabem 18 pastilhas. Então, para cobrir a região retangular, foram necessárias 18 pastilhas de 1 cm de lado.

A área desse retângulo, ou seja, a medida da superfície desse retângulo, equivale a 18 pastilhas.

SÃO 18 PASTILHAS, PORQUE 3 × 6 = 18.

Agora é a sua vez de descobrir quantos quadradinhos serão necessários para cobrir as superfícies abaixo:

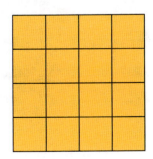 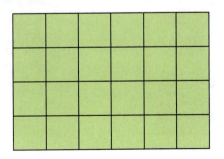

Capítulo 12 — Medidas de massa

Um elefante africano tem aproximadamente 4 metros de altura e pesa cerca de 6 000 quilogramas.

6 000 quilogramas ou 6 toneladas representam a massa do elefante africano.

● Unidade fundamental: o grama

O quilograma e o grama são as unidades mais usadas para medir a massa de um corpo.

> **Massa** é a quantidade de matéria (substância) de um corpo.

Medimos a massa de um corpo utilizando balanças.

 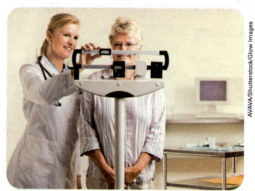 

> O **grama** é a unidade fundamental das medidas de massa. Seu símbolo é **g**.

Múltiplos e submúltiplos do grama

Os **múltiplos do grama** são unidades maiores que o grama.

O múltiplo do grama mais usado é o **quilograma (kg)**.

Os **submúltiplos do grama** são unidades menores que o grama.

O submúltiplo do grama mais usado é o **miligrama (mg)**.

1 QUILOGRAMA = 1000 GRAMAS

Tonelada: uma medida especial

O cachalote é uma espécie de baleia que pode alcançar os 18 metros de comprimento e ter mais de 50 000 quilos ou 50 toneladas de massa.

Para medir grandes massas, como cargas de navios, caminhões, trens e outros objetos grandes, usamos a **tonelada**. Seu símbolo é **t**.

A tonelada é um múltiplo do quilograma.

Uma tonelada é igual a **1 000 quilogramas**.

1 t = 1 000 kg

Outra unidade muito usada, principalmente em vários tipos de comércio, como o do gado, é a **arroba**.

Uma arroba é igual a **15 quilogramas**.

Atividades

1) Complete as sentenças com a unidade de medida adequada: quilograma, grama ou miligrama.

Um comprimido tem em média 5 .... de massa.

Uma galinha tem em média 3 .... de massa.

Um tubo de creme dental pode ter 90 .... de massa.

2) Complete com o valor equivalente.

a) 5 kg = ... g

b) 0,5 t = ... kg

c) 2,9 kg = ... g

d) 7 t = ... kg

e) 4 g = ... mg

f) 370 g = ... kg

g) 9,4 t = ... kg

h) 3 000 mg = ... g

i) 3,5 t = ... kg

j) 8,78 g = ... mg

k) 0,4 t = ... kg

l) 4,7 t = ... kg

1 TONELADA = 1000 QUILOS
1 QUILO = 1000 GRAMAS
1 GRAMA = 1000 MILIGRAMAS

3) Uma iguana pesa, em média, 3 quilos de massa. Quatro iguanas pesam, em média, ... gramas.

4) O quadro abaixo mostra quanto pesa a bola em diversos esportes.

Esporte	Peso (massa)
basquete	600 a 650 g
boliche	7,25 kg (máximo)
futebol	396 a 453 g
tênis	56,7 a 58,5 g
tênis de mesa	2,40 a 2,53 g
vôlei	255 a 284 g

O guia dos curiosos, de Marcelo Duarte. São Paulo: Companhia das Letras.

Responda às perguntas:

a) Em qual desses esportes a bola é mais pesada? ....

b) Em qual esporte se usa a bola mais leve? ....

c) Considerando o peso máximo de ambas, quantos gramas uma bola de basquete tem a mais que uma bola de futebol?

....

d) Quantos gramas uma bola de tênis, de peso máximo, tem a menos que uma bola de boliche?

....

e) Quantos gramas uma bola de vôlei, de peso mínimo, tem a menos que uma bola de futebol, também de peso mínimo?

....

5) Observe a embalagem e responda à pergunta:

Qual é o peso líquido indicado? _____

6) Observe embalagens de alguns produtos de sua casa e anote o peso líquido. Depois, responda às perguntas a seguir.

Produto	Peso líquido

a) Qual produto tem maior peso líquido?

_____

b) Qual o peso líquido de cinco produtos iguais a esse?

_____

7) Veja a carga deste caminhão e complete a frase:

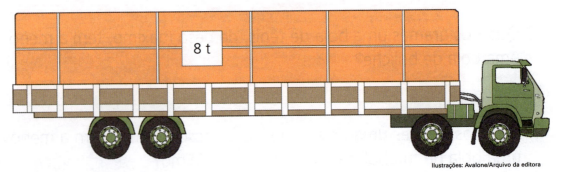

Ele está transportando _____ quilogramas.

8 Escreva quantas toneladas há em:

a) 2 000 kg → .... t
b) 3 200 kg → .... t
c) 500 000 kg → .... t
d) 8 100 kg → .... t
e) 55 900 kg → .... t
f) 6 000 kg → .... t

9 Observe a massa que os seguintes animais podem ter e responda às perguntas a seguir.

Animal	Peso
beija-flor	10 g
gato	6 kg
vaca	800 kg
hipopótamo	3 t

Animal	Peso
cavalo	450 kg
frango	3 kg
chimpanzé	70 kg
foca	80 kg

O guia dos curiosos, de Marcelo Duarte. São Paulo: Companhia das Letras.

a) Em média, qual a massa de um gato?

....

b) Quantos quilogramas de massa pode ter um hipopótamo?

....

c) Qual é o animal mais leve e qual é o mais pesado?

....

d) Quantos gramas pesa o frango?

....

e) Quantos quilogramas um chimpanzé tem a menos que uma foca?

....

● **Ler, refletir e resolver**

1) Alexandre pagou R$ 18,00 por 9 kg de arroz. Quanto ele pagaria se comprasse 1 kg?

....

2) Um caminhão frigorífico transporta 20 arrobas de carne. Quantos quilogramas de carne transporta o caminhão?

....

3) Uma mercearia recebeu 92 kg de queijo. Já vendeu 68 kg a R$ 13,00 o quilo. Quantos reais já foram obtidos com a venda?

....

4) Se 1 kg de feijão custa R$ 1,50, quanto custarão 5 kg de feijão?

....

5) Um caminhão transportou, no primeiro dia, 4 toneladas de café e, no segundo dia, 6 toneladas. Quantos quilos de café foram transportados ao todo?

....

6) Maria foi ao mercado e comprou 1 kg de farinha. Em uma receita, ela usou 220 g da farinha. Quantos gramas de farinha sobraram?

7) Para fazer a receita de *pizza* de queijo e tomate são necessários:

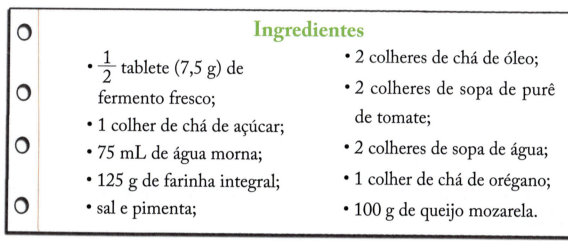

Ingredientes

- $\frac{1}{2}$ tablete (7,5 g) de fermento fresco;
- 1 colher de chá de açúcar;
- 75 mL de água morna;
- 125 g de farinha integral;
- sal e pimenta;
- 2 colheres de chá de óleo;
- 2 colheres de sopa de purê de tomate;
- 2 colheres de sopa de água;
- 1 colher de chá de orégano;
- 100 g de queijo mozarela.

Energia do alimento, de Peter Mellet e Jane Rossiter. São Paulo: Scipione.

a) Para o aniversário de Aline, seu pai fará 12 *pizzas* iguais a essa. Quantos quilos de farinha integral e de queijo mozarela ele deverá comprar?

b) Para uma *pizza*, usa-se $\frac{1}{2}$ tablete de fermento fresco. Quantos tabletes serão usados nas 12 *pizzas*?

Capítulo 13 — Medidas de capacidade

🖱 OED

Capacidade é a quantidade de líquido ou outra matéria que um recipiente pode conter.

● Unidade fundamental: o litro

Usamos o litro para medir a capacidade de recipientes que contêm líquidos, como a água, a gasolina, o álcool e o leite.

 O **litro** é a unidade fundamental das medidas de capacidade. Seu símbolo é **L**.

● Múltiplos e submúltiplos do litro

O leite materno é muito bom para os bebês. Veja a quantidade de leite que os bebês irão tomar:

Todas as mamadeiras comportam menos de 1 litro de leite.

Para pequenas medidas de capacidade, costumamos utilizar o **mililitro**.

 O **mililitro** é o submúltiplo mais usado do litro. Seu símbolo é **mL**.

unidades práticas

Atividades

1 Observe as ilustrações e faça o que se pede.

a) Esta jarra tem capacidade para 1 litro de refresco. Se estiver cheia, quantos copos de $\frac{1}{4}$ de litro poderei encher? Desenhe.

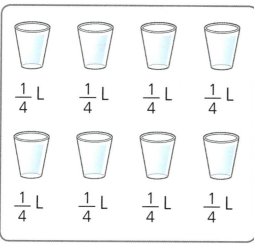

b) Tenho 8 copos com $\frac{1}{4}$ de litro cada um. Quantas jarras de 1 litro poderei encher? Desenhe.

2 Observe cada embalagem e escreva por extenso a medida que indica sua capacidade.

 350 mL

 1,5 L

 200 mL

 1 L

- Converse com os colegas. Veja se conseguem descobrir o que essas embalagens têm em comum.

3 Complete as igualdades.

$$1\,L = 1\,000\ mL \text{ ou } 1\ mL = 0{,}001\ L$$

a) 2 L = ... mL

b) 2,3 L = ... mL

c) 1 800 mL = ... L

d) $\frac{1}{2}$ L = ... mL

e) 4,5 L = ... mL

f) 6 L = ... mL

g) $\frac{1}{4}$ L = ... mL

h) 10 000 mL = ... L

4 Complete com a unidade de medida adequada: litro ou mililitro.

a) Tiago tomou um copo de 300 .... de suco de laranja.

b) Sandra comprou uma panela de pressão com 7 .... de capacidade.

c) Renato molha as plantas usando um regador de 5 ....

d) Rosa comprou uma garrafa térmica de 1 500 ....

5 Na sua opinião, qual é a capacidade dos objetos abaixo?

○ 5 mL
○ 250 mL
○ 3 L

○ 5 L
○ 500 L
○ 500 mL

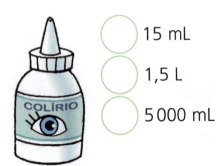

○ 15 mL
○ 1,5 L
○ 5 000 mL

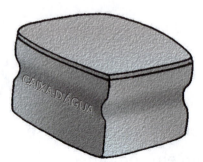

○ 50 mL
○ 500 L
○ 5 000 mL

Ilustrações: Avalone/Arquivo da editora

Capítulo 13 – Medidas de capacidade

Ler, refletir e resolver

1) Um carro percorre, em média, 12 km com 1 litro de gasolina. Para percorrer 1 140 km, quantos litros de gasolina, aproximadamente, esse automóvel consumirá?

....

2) Sabendo que é aconselhável ingerir, em média, 2 litros de água por dia, quantos copos de 250 mL de água deveríamos consumir por dia?

....

3) No aniversário de Rebeca, foram consumidos 18 copos de 300 mL de suco de laranja e 20 caixinhas de 200 mL de suco de goiaba. Quantos litros de suco foram consumidos ao todo?

....

4) Fabiana ganhou um filhote de gato, que toma 350 mL de água por dia. Quantos litros de água ele tomará em 30 dias?

....

5 Um dromedário bebe até 140 litros de água em 10 minutos. Quantos litros de água ele consegue beber em 11 minutos?

6 Uma torneira gotejando desperdiça, em média, 46 litros de água por dia. Quantas garrafas de 1,5 litro poderiam ser enchidas com o que foi desperdiçado durante 1 semana e 2 dias?

7 Rubens precisa tomar 5 mL de xarope 2 vezes ao dia durante 10 dias. Se o frasco do remédio tem 200 mL, sobrará ou faltará xarope? Quantos mL?

Saiba mais

No Brasil existem várias línguas indígenas que estão desaparecendo. O gráfico abaixo mostra o número aproximado de falantes de algumas ameaçadas de extinção. Com base no gráfico, responda às questões.

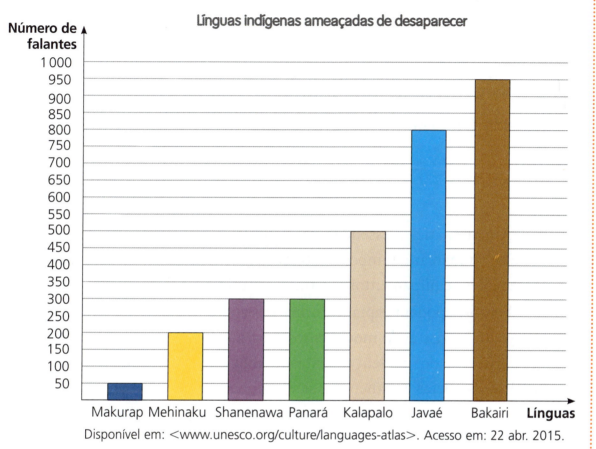

Disponível em: <www.unesco.org/culture/languages-atlas>. Acesso em: 22 abr. 2015.

a) Qual é a língua com o maior número de falantes? Quantos são?

....

b) Qual é a língua com o menor número de falantes? Quantos?

....

c) Quais são as línguas com o mesmo número de falantes?

....

d) Quantos falantes a língua Mehinaku possui?

....

e) Quantos falantes a menos a língua Shanenawa tem em relação à Bakairi?

....

Ideias em ação

Números decimais: comparação, eixo numerado e escala

Material necessário

- régua
- tesoura sem pontas
- folha do **Caderno de ideias em ação**

Matemática esportiva

A matemática é essencial nos esportes e não apenas para medir distâncias ou marcar o tempo. Ela também ajuda a organizar campeonatos e desenvolver equipamentos e rotinas de treino.

Sensores podem captar informações sobre os atletas no laboratório ou na quadra, registrando movimentos precisos do corpo ou padrões gerais de jogo. Esses dados podem ser introduzidos em modelos matemáticos que ajudam os atletas a aumentar sua eficiência – ajudando corredores a ajustar suas passadas, por exemplo, ou descobrindo como aumentar a força de uma tacada de golfe.

Os dados também podem ser analisados com o uso de métodos estatísticos para se obter um panorama de um jogador ou de uma equipe durante uma partida ou um campeonato. Isso permite realizar treinos dirigidos para melhorar determinados pontos fracos.

Na verdade, sem a matemática, os esportes não seriam possíveis. Como saberíamos se os dois gols de um campo de futebol são do mesmo tamanho? Os números podem especificar tudo, desde as dimensões dos campos e quadras até o peso, a pressão e a elasticidade (capacidade de pular) de uma bola.

Matemática para aprender e pensar, de Mukul Patel. Barueri: Girassol, 2013. p. 78 e 79.

Veja, agora, a aplicação dos números decimais nas competições de salto com vara e de salto em distância, assim como seus recordes até 2012.

Recordes no salto com vara

Anos	1920	4,30 m	(Masculino)
Anos	1960	5,44 m	(Masculino)
	1992	4,05 m	(Primeiro recorde feminino a ser reconhecido)
	2012	6,14 m	(Masculino)
		5,06 m	(Feminino)

Recordes no salto em distância

Anos	1920	9,73 m	(Masculino)
		5,98 m	(Feminino)
Anos	1960	8,90 m	(Masculino)
		6,82 m	(Feminino)
	2012	8,95 m	(Masculino)
		7,52 m	(Feminino)

Matemática para aprender e pensar, de Mukul Patel. Barueri: Girassol, 2013. p. 78 e 79.

Recorte a folha do **Caderno de ideias em ação** e observe os dois eixos: um vertical e o outro horizontal.

Nesses eixos você vai fazer uma escala para marcar os recordes descritos do salto com vara e do salto em distância.

Seria impossível marcar metros nessa folha, certo? Então, na sua escala, cada centímetro do eixo deverá corresponder a um metro de cada salto.

Use a régua para medir e marcar, inicialmente, os números inteiros de metros citados (use os centímetros). Para marcar os décimos de metro de cada salto, use os milímetros. Não é possível marcar com precisão os centésimos de metro em sua escala.

Agora localize em cada eixo os números correspondentes aos recordes indicados.

Compare seus resultados com os de um colega.

Glossário

Algarismo:

Sinal utilizado para representar um número. Os algarismos que usamos chamam-se indo-arábicos porque foram criados na Índia e aperfeiçoados pelos árabes.

COM OS ALGARISMOS
0, 1, 2, 3, 4, 5, 6, 7, 8, 9 REPRESENTAMOS QUALQUER NÚMERO.
COM OS ALGARISMOS
I, V, X, L, C, D, M REPRESENTAMOS OS NÚMEROS COMO FAZIAM OS ANTIGOS ROMANOS.

Ângulo:

Figura formada por duas semirretas que têm origem comum.
A medida de um ângulo é expressa em graus.

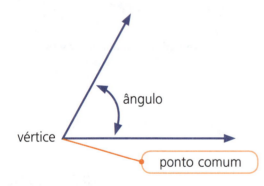

Ângulo agudo:

É menor que ângulo reto. Mede menos de 90° e mais de 0°.

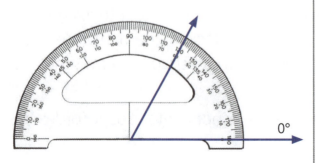

Ângulo obtuso:

É maior que o ângulo reto. Mede mais de 90° e menos de 180°.

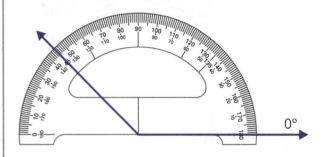

Ângulo reto:

Mede 90°.

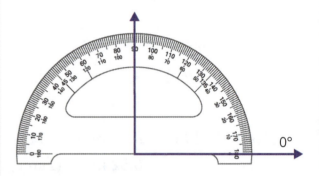

Centavo:

Moeda que representa a centésima parte do real: 1 real tem 100 centavos.

MOEDA DE 1 CENTAVO.

Centena:

Grupo de 100 unidades.

280

Centésimo:

Dividindo-se uma unidade em 100 partes iguais, cada parte é um centésimo dessa unidade.

UM CENTÉSIMO PODE SER INDICADO ASSIM: $\frac{1}{100}$ OU 0,01.

Centímetro:

Medida de comprimento igual à centésima parte do metro.

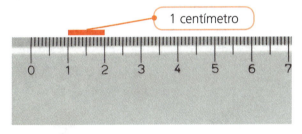

1 centímetro

Comércio:

Troca, compra e venda de mercadorias e valores.

Décimo:

Dividindo-se 1 unidade em 10 partes iguais, cada parte é um décimo dessa unidade.

UM DÉCIMO PODE SER INDICADO ASSIM: $\frac{1}{10}$ OU 0,1.

Eixo de simetria:

Numa figura simétrica, o eixo de simetria divide-a em 2 partes que podem ser sobrepostas.

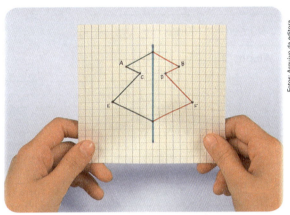

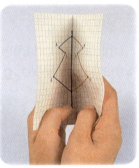

Dobrando o papel na linha azul, o lado esquerdo da figura coincide com o lado direito. Cada ponto da parte esquerda cai sobre o ponto da parte direita.

Fração:

Número que indica uma ou mais porções de um todo (figura ou quantidade) que foi dividido em partes iguais. A fração indica quantas dessas partes iguais são consideradas. Escrevemos as frações com dois números: o denominador e o numerador. O denominador indica em quantas partes o todo foi dividido. O numerador indica quantas partes do todo são consideradas.

DIVIDI O CHOCOLATE EM 4 PARTES IGUAIS. CADA PEDAÇO $\left(\frac{1}{4}\right)$ É UMA FRAÇÃO DO CHOCOLATE.

Glossário

Gráfico de barras:
Tipo de gráfico em que os valores são representados por retângulos verticais (as barras).

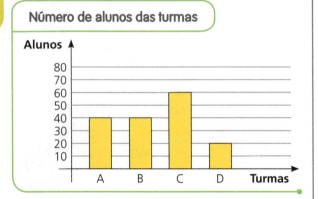

Número de alunos das turmas

Grama:
Unidade fundamental de medida de massa. Símbolo: **g**.

Litro:
Unidade fundamental de medida de capacidade. Símbolo: **L**.

Metro:
Unidade fundamental de medida de comprimento. Símbolo: **m**.

Milésimo:
Dividindo-se uma unidade em 1 000 partes iguais, cada parte é um milésimo dessa unidade.

UM MILÉSIMO PODE SER INDICADO ASSIM: $\frac{1}{1000}$ OU 0,001.

Milhar:
Grupo de 1 000 unidades.

Número:
Ideia matemática associada a uma certa quantidade, ordem, medida ou código.

Números decimais:
Forma de expressar frações decimais.

TENHO 1,35 m DE ALTURA.

Números ímpares:
Números naturais que indicam quantidades que não podem ser organizadas aos pares (sempre resta 1).

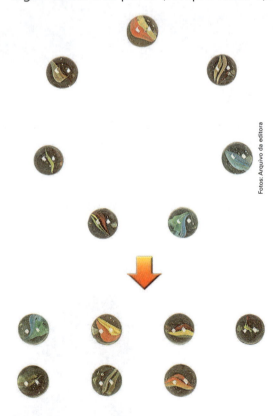

7 é ímpar, pois, quando separamos os pares, resta 1.

Números naturais:

Números que representam quantidades ou medidas inteiras (não negativas).

0, 1, 2, 3, 4, 5, 6, 7, 8...

Números ordinais:

Números que exprimem ordem.

CHEGUEI EM TERCEIRO LUGAR!

Números pares:

Números naturais que indicam quantidades que podem ser organizadas aos pares.

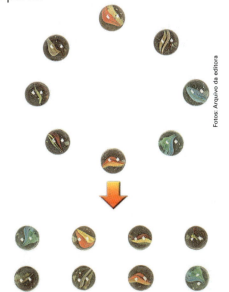

8 é par, pois, quando separamos os pares, não sobra resto.

Números primos:

Números divisíveis apenas pelo número 1 e por eles mesmos.

1, 2, 3, 5, 7, 11, 13, 17, 19, 23...

Operações inversas:

Adição e **subtração**: o que a adição faz, a subtração desfaz, e vice-versa.

Multiplicação e **divisão**: o que a multiplicação faz, a divisão desfaz, e vice-versa.

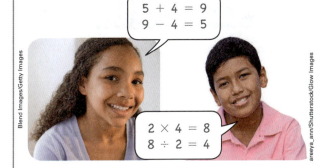

$5 + 4 = 9$
$9 - 4 = 5$

$2 \times 4 = 8$
$8 \div 2 = 4$

Ordem:

Lugar ocupado por um algarismo em um número.

VEJA AS DIFERENTES ORDENS NO NÚMERO 58.

58

ordem das dezenas — ordem das unidades

Ordem crescente:

Números dispostos do menor para o maior.

$0 < 1 < 2 < 3 < 4 < 5...$

Glossário

Ordem decrescente:

Números dispostos do maior para o menor

... 5 > 4 > 3 > 2 > 1 > 0

Painel:

Quadro ou pintura sobre pano, papel, parede, etc.

Detalhe do painel a têmpera/tela 309 × 1 767 cm. Palácio dos Bandeirantes, SP.

Tiradentes, de Candido Portinari (1948-1949).

Perímetro:

Medida do contorno de uma figura geométrica plana.

2 cm
3 cm

O PERÍMETRO DESTE RETÂNGULO É:
3 + 3 + 2 + 2 = 10 cm.

Polígono:

Linha fechada simples formada somente por segmentos de reta.

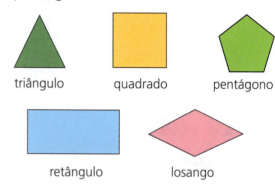

triângulo — quadrado — pentágono

retângulo — losango

Quadrilátero:

Polígono de quatro lados.

quadrado — retângulo — losango

Régua:

Instrumento usado para traçar linhas retas. Recebe o nome de **escala** quando usada para medir comprimentos.

Reta:

Pode ser representada por uma linha traçada com o auxílio da régua. A ideia geométrica de reta é a de linha que se prolonga nos dois sentidos.

A RETA NÃO TEM COMEÇO NEM FIM.

Segmento de reta:

É a parte da reta compreendida entre dois pontos.

Símbolo:

Sinal gráfico que representa uma ideia matemática.

Símbolo	Significado
∈	pertence
∉	não pertence
+	adição
−	subtração
× ou ·	multiplicação
÷ ou :	divisão
=	igual
≠	diferente
>	maior
<	menor

OS ALGARISMOS 0, 1, 2, 3, 4, 5, 6, 7, 8, 9 SÃO OS SÍMBOLOS USADOS PARA ESCREVER OS NÚMEROS.

Simetria:

Correspondência na **forma** de duas partes de uma figura em relação a uma linha chamada eixo de simetria.

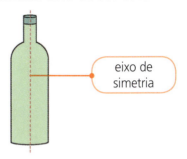

Sólidos geométricos:

Figuras geométricas espaciais. Os poliedros, por exemplo, são sólidos geométricos limitados por quatro ou mais polígonos chamados faces.

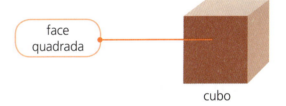

cubo

As faces são seis quadrados iguais.

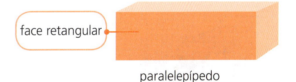

paralelepípedo

As seis faces são retangulares.

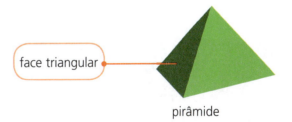

pirâmide

As faces laterais são sempre triangulares.

Tempo:

As principais medidas de tempo são: ano, mês, dia, hora (h), minuto (min), segundo (s).

Sugestões para o aluno

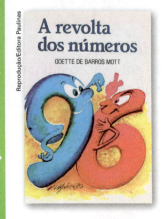

A revolta dos números, de Odette de Barros Mott. São Paulo: Paulinas.

Júlia estava tentando resolver um problema de Matemática em seu caderno quando, de repente, os números resolveram fazer a maior confusão!

Aritmética da Emília, de Monteiro Lobato. São Paulo: Globo.

Guiados por uma das bonequinhas mais amadas do Brasil, a turma do Sítio do Pica-Pau-Amarelo faz uma longa viagem ao reino da Aritmética.

Brincando com os números, de Massin. Tradução de Heloisa Jahn. São Paulo: Companhia das Letrinhas.

O número 7 é um velhinho de bengala, o número 6 é uma cobra enroladinha, o número 4 é um guarda de trânsito com apito na boca. Achou estranho? Esses são os números que o menino Fil conheceu, acompanhado de seu cachorrinho Pipo.

Em busca dos números perdidos, de Michael Thomson. Tradução de Adazir Almeida Carvalho. São Paulo: Melhoramentos.

Os números de todo o mundo estão desaparecendo! Mas você pode ajudar a resolver esse mistério procurando as pistas e usando equipamentos como o Camelo que Conta e a Cobra Calculadora.

O rapto do professor de Matemática, de Philippe Barcinski. São Paulo: Girafinha.

Quando um professor escreve no quadro um número que nunca tinha sido citado por ninguém, ele foge e causa uma grande confusão. O professor de Matemática é o único que pode resolver essa bagunça.

O vilarejo de figuras sólidas, de Bo-Hyun Seo. São Paulo: FTD.

No vilarejo em que morava, a esfera percebeu que roubaram melancias de sua plantação. Ela foi, então, em busca do infrator que deixou marcas no chão: dois triângulos juntos e uma linha comprida. Alguns sólidos geométricos resolveram ajudá-la. Como será que a esfera descobriu o mistério?

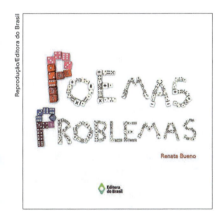

Poemas problemas, de Renata Bueno. São Paulo: Editora do Brasil.

Neste livro, os poemas cheios de rimas e problemas vão levar você a brincar com a Matemática, resolvendo charadas e enigmas.

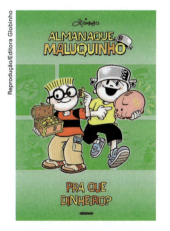

Pra que dinheiro?, de Ziraldo. São Paulo: Globinho.

O personagem Junim e a turma do Menino Maluquinho aprendem como usar o dinheiro, guardar, economizar... Neste almanaque você também vai conhecer várias curiosidades sobre o dinheiro.

Bibliografia

ALENCAR, E. M. S. S. (Org.). *Novas contribuições da Psicologia aos processos de ensino e aprendizagem*. 4. ed. São Paulo: Cortez, 2001.

ANTUNES, C. *Matemática e didática*. Petrópolis: Vozes, 2010.

ARRIBAS, T. L. *Educação Física de 3 a 8 anos*. Tradução de Fátima Murad. 7. ed. Porto Alegre: Artmed, 2002.

ASCHENBACH, M. H. C. V. *A arte-magia das dobraduras*: histórias e atividades pedagógicas com *origami*. São Paulo: Scipione, 2009.

BARRETO, F. C. *Informática descomplicada para educação*: aplicações práticas em sala de aula. São Paulo: Érica, 2014.

BICUDO, M. A. V.; BORBA, M. de C. *Educação matemática*: pesquisa em movimento. São Paulo: Cortez, 2004.

BRASIL. Ministério da Educação. Secretaria de Educação Básica. Fundo Nacional de Desenvolvimento da Educação. *Ensino Fundamental de nove anos*: orientações para a inclusão da criança de seis anos de idade. Brasília, 2006.

_____. Ministério da Educação. Secretaria de Educação Básica. Fundo Nacional de Desenvolvimento da Educação. *Pró-letramento*: programa de formação continuada de professores das séries iniciais do Ensino Fundamental. Brasília, 2006. 7 v.

_____. Ministério da Educação. Secretaria de Educação Fundamental. *Parâmetros Curriculares Nacionais*: introdução aos Parâmetros Curriculares Nacionais. Brasília, 1997.

_____. Ministério da Educação. Secretaria de Educação Fundamental. *Parâmetros Curriculares Nacionais*: Matemática. Brasília, 1997.

_____. Ministério da Educação. Secretaria de Educação Fundamental. *Referencial Curricular Nacional para a Educação Infantil*. Brasília, 1998.

CARVALHO, D. L. de. *Metodologia do ensino da Matemática*. 2. ed. São Paulo: Cortez, 1994. (Magistério 2º grau/formação do professor).

CENTURIÓN, M. *Números e operações*: conteúdo e metodologia da Matemática. São Paulo: Scipione, 1995.

CERQUETTI-ABERKANE, F.; BERDONNEAU, C. *O ensino da Matemática na Educação Infantil*. Tradução de Eunice Gruman. Porto Alegre: Artmed, 1997.

CÓRIA-SABINE, M. A.; LUCENA, R. F. *Jogos e brincadeiras na Educação Infantil*. Campinas: Papirus, 2004. (Papirus Educação).

CUBERES, M. T. G. *Educação Infantil e séries iniciais*: articulação para a alfabetização. Tradução de Cláudia Schilling. Porto Alegre: Artmed, 1997.

CUNHA, N. H. S. *Criar para brincar*: a sucata como recurso pedagógico. São Paulo: Aquariana, 2005.

DANTE, L. R. *Didática da Matemática na Pré-Escola*: por que, o que e como trabalhar as primeiras ideias matemáticas. São Paulo: Ática, 2007.

_____. *Formulação e resolução de problemas de Matemática*: teoria e prática. São Paulo: Ática, 2009.

DEVLIN, K. *O gene da Matemática*. Tradução de Sérgio Moraes Rego. 2. ed. Rio de Janeiro: Record, 2005.

DEVRIES, R. et al. *O currículo construtivista na Educação Infantil*: práticas e atividades. Tradução de Vinicius Figueira. Porto Alegre: Artmed, 2004.

FAINGUELERNT, E. K.; NUNES K. R. A. *Fazendo arte com a Matemática*. Porto Alegre: Artmed, 2006.

FAYOL, M. *A criança e o número*: da contagem à resolução de problemas. Tradução de Rosana Severino Di Leone. Porto Alegre: Artmed, 1996.

FONSECA, M. da C. F. R. (Org.). *Letramento no Brasil*: habilidades matemáticas: reflexões a partir do Inaf 2002. São Paulo: Global/Ação Educativa Assessoria, Pesquisa e Informação/Instituto Paulo Montenegro, 2004.

FRIEDMANN, A. *Brincar*: crescer e aprender: o resgate do jogo infantil. São Paulo: Moderna, 1996.

GOLBERT, C. S. *Matemática nas séries iniciais*: sistema decimal de numeração. Porto Alegre: Mediação, 1999.

GOULART, I. B. *Piaget*: experiências básicas para utilização pelo professor. 20. ed. Petrópolis: Vozes, 2003.

GUELLI, O. *A invenção dos números*. São Paulo: Ática, 1996.

HAEUSSLER, I. M.; RODRÍGUEZ, S. *Manual de estimulação do pré-escolar*: um guia para pais e educadores. Tradução de Magda Lopes. São Paulo: Planeta do Brasil, 2005. (Temas de hoje).

HUETE, J. C. S.; BRAVO, J. A. F. *O ensino da Matemática*: fundamentos teóricos e bases psicopedagógicas. Tradução de Ernani Rosa. Porto Alegre: Artmed, 2006.

JARANDILHA, D. *Matemática já não é problema*. São Paulo: Cortez, 2005.

KAMII, C. *A criança e o número*: implicações educacionais da teoria de Piaget para a atuação junto a escolares de 4 a 6 anos. Tradução de Regina A. de Assis. 35. ed. Campinas: Papirus, 2007.

_____; DEVRIES, R. *Piaget para a educação pré-escolar*. Tradução de Maria Alice Bade Danesi. Porto Alegre: Artmed, 1991.

_____; JOSEPH, L. L. *Crianças pequenas continuam reinventando a aritmética (séries iniciais)*: implicações da teoria de Piaget. Tradução de Vinicius Figueira. 2. ed. Porto Alegre: Artmed, 2005.

KENSKI, V. M. *Educação e tecnologias*: o novo ritmo da informação. Campinas: Papirus, 2012.

LORENZATO, S. *Para aprender Matemática*. Campinas: Autores Associados, 2006. (Formação de professores).

LUCKESI, C. C. *Avaliação da aprendizagem escolar*: estudos e proposições. 18. ed. São Paulo: Cortez, 2006.

MACHADO, M. M. *O brinquedo-sucata e a criança*: importância do brincar: atividades e materiais. São Paulo: Loyola, 2001.

MACHADO, N. J. *Matemática e educação*: alegorias, tecnologias e temas afins. 4. ed. São Paulo: Cortez, 2002. v. 2. (Questões da nossa época).

MARINCEK, V. (Org.). *Aprender Matemática resolvendo problemas*. Porto Alegre: Artmed, 2001. (Cadernos da Escola da Vila, 5).

MENDES, I. A. *Investigação histórica no ensino da Matemática*. Rio de Janeiro: Ciência Moderna, 2009.

MOYSÉS, L. *Aplicações de Vygotsky à educação matemática*. Campinas: Papirus, 1997.

OLIVEIRA, G. de C. *Psicomotricidade*: educação e reeducação num enfoque psicopedagógico. Petrópolis: Vozes, 1997.

PALHARES, P. (Coord.). *Elementos de Matemática para professores do Ensino Básico*. Lisboa: Edições Lidel, 2004.

PANIAGUA, G.; PALACIOS, J. *Educação Infantil*: resposta educativa à diversidade. Tradução de Fátima Murad. Porto Alegre: Artmed, 2007.

PANIZZA, M. (Org.). *Ensinar Matemática na Educação Infantil e nas séries iniciais*: análise e propostas. Tradução de Antonio Feltrin. Porto Alegre: Artmed, 2006.

PARRA, C.; SAIZ, I. (Org.). *Didática da Matemática*: reflexões psicopedagógicas. Tradução de Juan Acuña Llorens. Porto Alegre: Artmed, 2001.

PERRENOUD, P. et al. *A escola de A a Z*: 26 maneiras de repensar a educação. Porto Alegre: Artmed, 2005.

RABELO, E. H. *Textos matemáticos*: produção, interpretação e resolução de problemas. Petrópolis: Vozes, 2004.

RÊGO, R. G.; RÊGO, R. M. *Matematicativa*. Campinas: Autores Associados, 2009.

REIS, S. M. G. dos. *A Matemática no cotidiano infantil*: jogos e atividades com crianças de 3 a 6 anos para o desenvolvimento do raciocínio lógico-matemático. Campinas: Papirus, 2006. (Atividades).

Revista da Faculdade de Educação da Universidade Federal Fluminense. *Movimento*: prática pedagógica: prática dialógica. Rio de Janeiro: DP&A, n. 3, maio 2001.

SÁNCHEZ, P. A.; MARTINEZ, M. R.; PEÑALVER, I. V. *A psicomotricidade na Educação Infantil*: uma prática preventiva e educativa. Tradução de Inajara Haubert Rodrigues. Porto Alegre: Artmed, 2003.

SCHILLER, P.; ROSSANO, J. *Ensinar e aprender brincando*: mais de 750 atividades para Educação Infantil. Tradução de Ronaldo Cataldo Costa. Porto Alegre: Artmed, 2008.

SMOLE, K. C. S. *A Matemática na Educação Infantil*: a teoria das inteligências múltiplas na prática escolar. Porto Alegre: Artmed, 1996.

_____; DINIZ, M. I. (Org.). *Ler, escrever e resolver problemas*: habilidades básicas para aprender Matemática. Porto Alegre: Artmed, 2001.

_____; CÂNDIDO, P. (Org.). *Brincadeiras infantis nas aulas de Matemática*. Porto Alegre: Artmed, 2000. v. 1. (Matemática de 0 a 6).

_____. *Figuras e formas*. Porto Alegre: Artmed, 2003. v. 3. (Matemática de 0 a 6).

_____. *Jogos de Matemática de 1º a 5º ano*. Porto Alegre: Artmed, 2007. (Cadernos do Mathema).

_____. *Resolução de problemas*. Porto Alegre: Artmed, 2000. v. 1. (Matemática de 0 a 6).

_____; STANCANELL, R. *Matemática e literatura infantil*. Belo Horizonte: Lê, 1999.

SPODEK. B.; SARACHO, O. N. *Ensinando crianças de três a oito anos*. Tradução de Cláudia Oliveira Dornelles. Porto Alegre: Artmed, 1998.

SUTHERLAND, R. *Ensino eficaz de Matemática*. Porto Alegre: Artmed, 2009.

TAJRA, S. F. *Informática na educação*: professor na atualidade. São Paulo: Érica, 1998.

TOLEDO, M. *Didática de Matemática*: como dois e dois: a construção da Matemática. São Paulo: FTD, 1997. (Conteúdo e metodologia).

VILA, A.; CALLEJO, M. L. *Matemática para aprender a pensar*: o papel das crenças na resolução de problemas. Tradução de Ernani Rosa. Porto Alegre: Artmed, 2006.

Quadros com figuras simétricas

Que tal criar belos quadros com figuras simétricas?

Você vai precisar de:

- 2 lixas grossas (usadas para madeira);
- os retângulos de papel preto da página 5;
- tesoura sem pontas;
- cola.

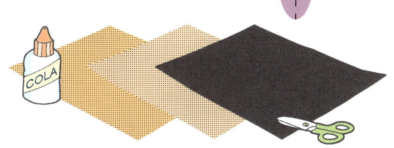

Como montar:

Destaque os retângulos de papel da página 5.

Dobre o retângulo ao meio.

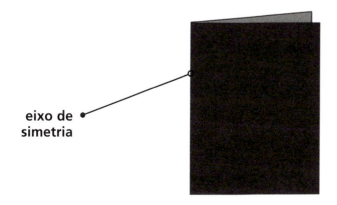

eixo de simetria

Desenhe, junto ao eixo de simetria, a metade da figura que desejar para o quadro e recorte-a.

Cole a figura recortada numa das lixas.

Depois do recorte, sobrou o retângulo vazado com o formato da figura. Cole-o na outra lixa. Você obtém, assim, dois belos quadros.

Caso queira, faça mais dois quadros com o outro retângulo de papel preto que sobrou da página 5.

Caderno de criatividade e alegria

Destaque e monte os sólidos geométricos desta página e das seguintes.

Depois, com seus colegas, criem juntos a maquete de uma cidade. Pintem e enfeitem a maquete e insiram os números das casas/prédios.

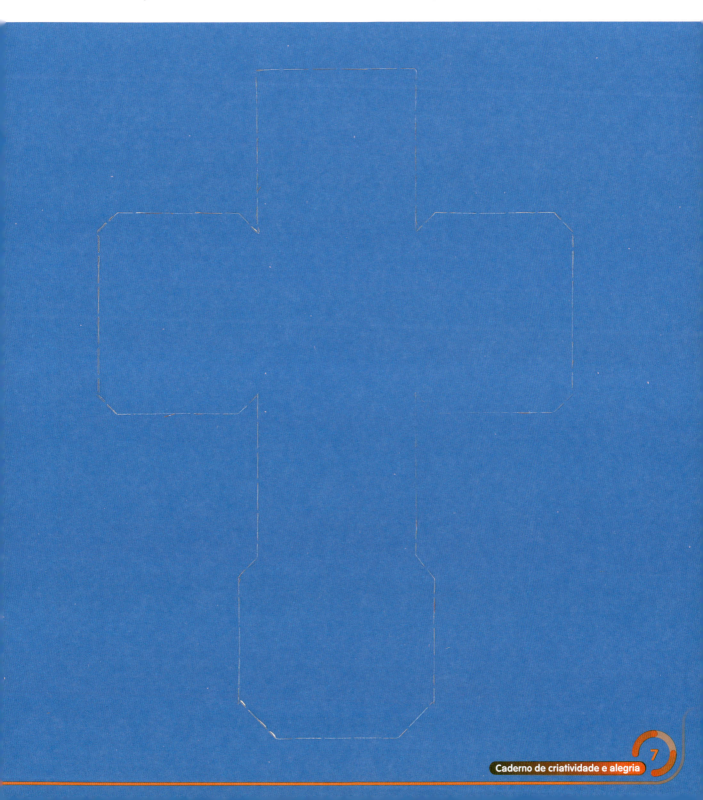

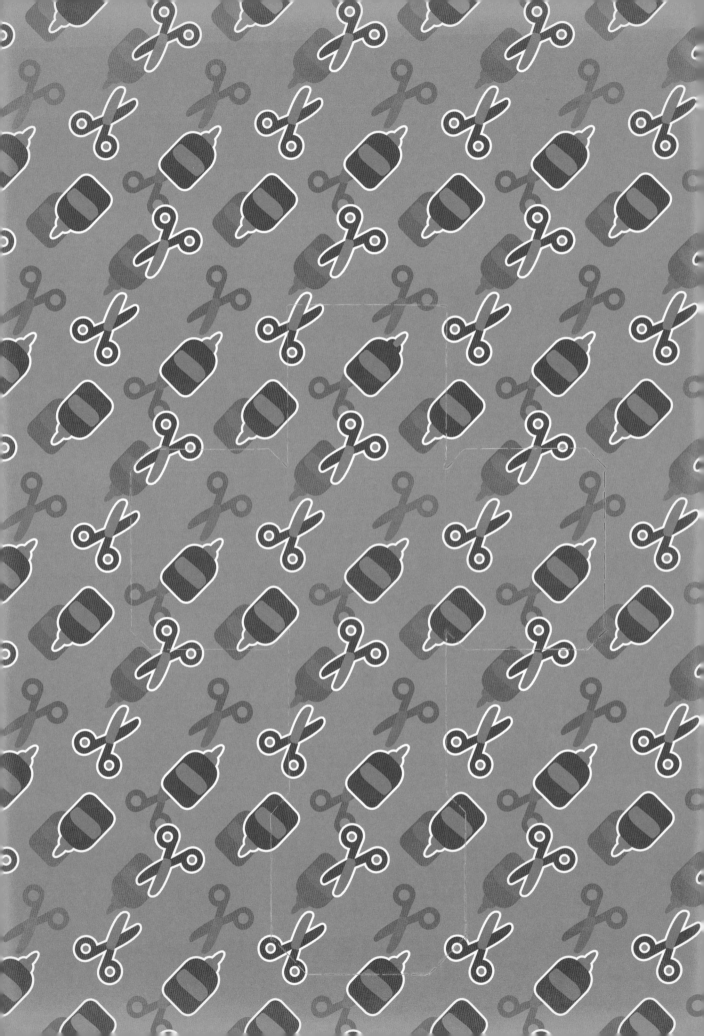

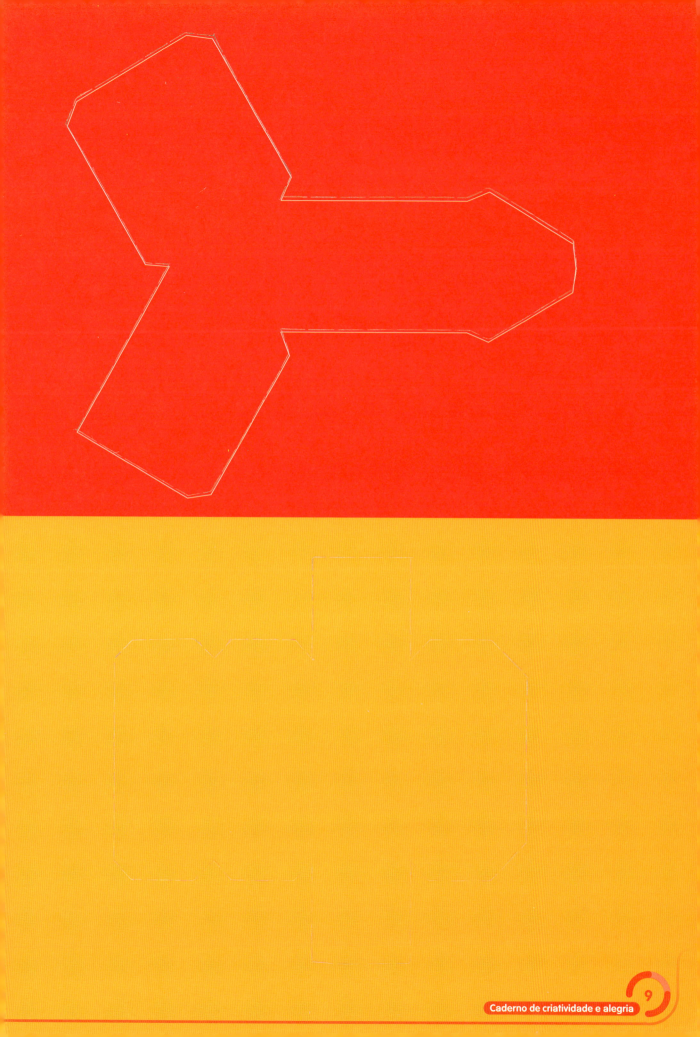

Caderno de criatividade e alegria 9

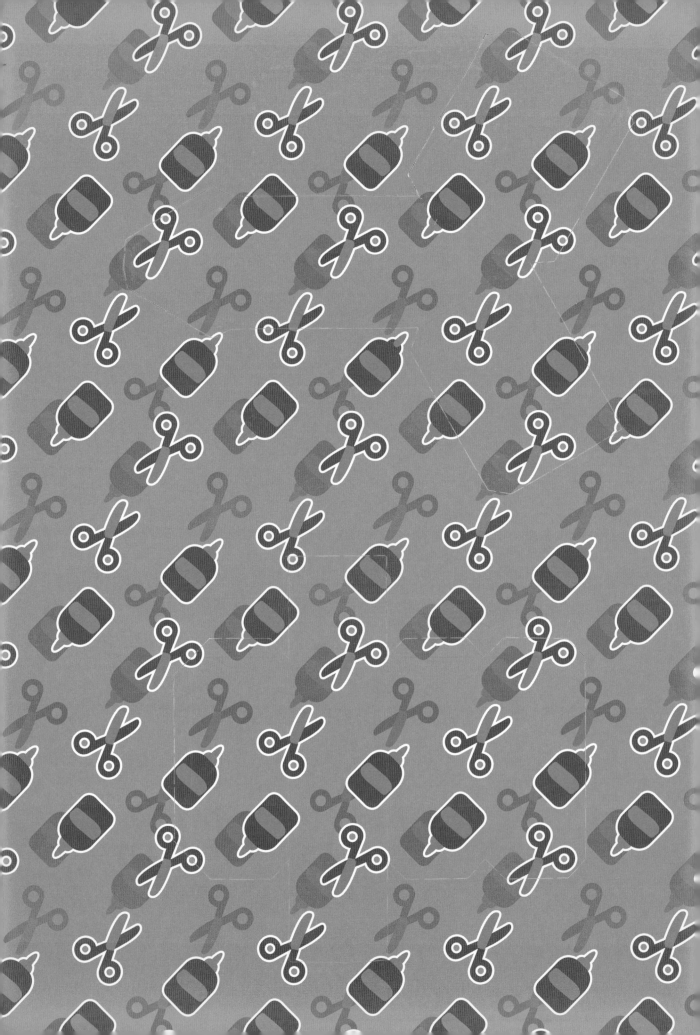

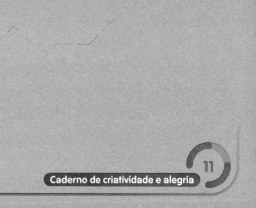

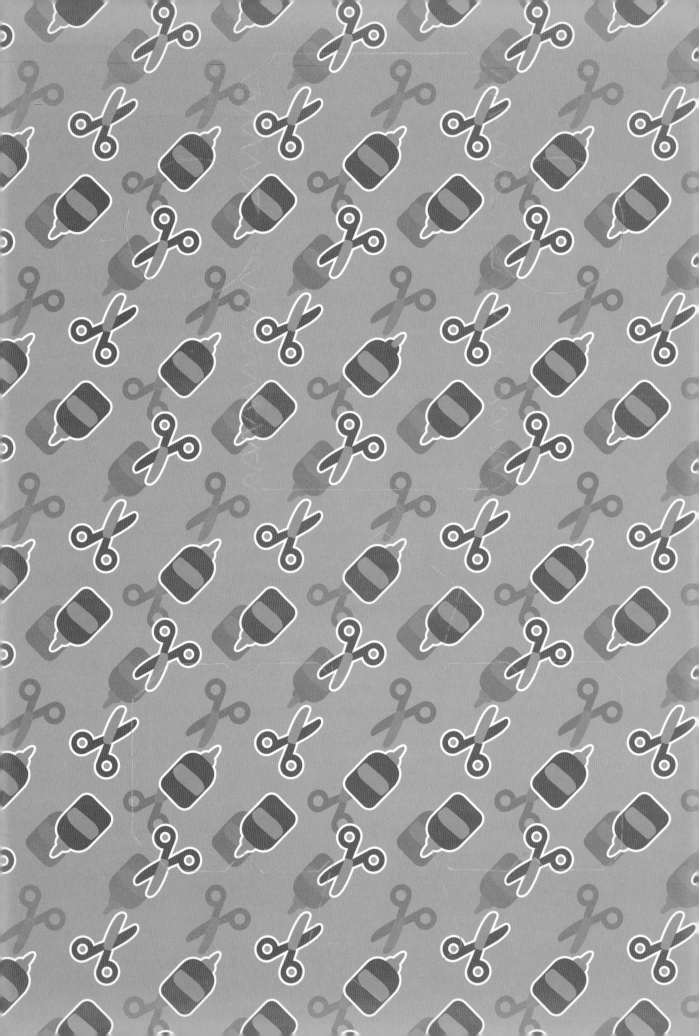

Caderno de criatividade e alegria

13

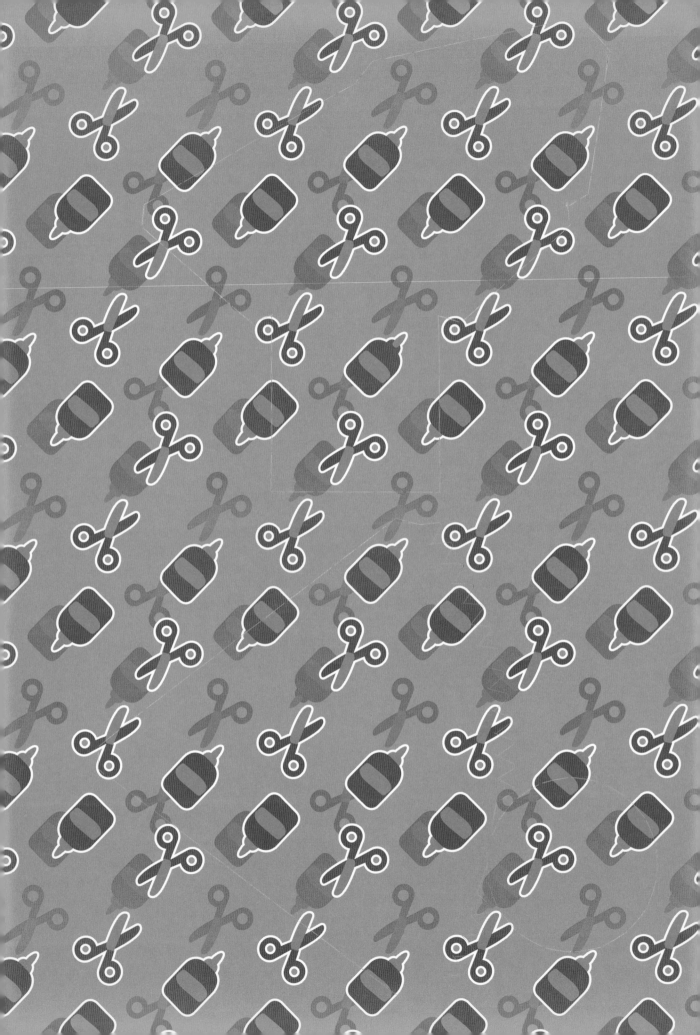

Compra e venda

Use as fichas para brincar de compra e venda com os colegas.

Jogo da velha diferente

Número de participantes: 2

Regras do jogo:

Destaque as peças das páginas 7 a 9. Embaralhe as cartas com as faces voltadas para baixo.

Um aluno vai jogar com o losango e o outro com o hexágono.

Quem começa vira uma das fichas, coloca sua figura na cartela de acordo com a localização indicada e passa a vez para o outro, que deve proceder da mesma maneira.

O vencedor será aquele que conseguir posicionar primeiro 4 figuras na horizontal, na vertical ou na diagonal.

Nome: _____

Ano: _____

DOBRE.

COLE A

COLE B

DOBRE.

COLE A

COLE B

	1	2	3	4
D				
C				
B				
A				

1 A	1 B	1 C	1 D
2 A	2 B	2 C	2 D
3 A	3 B	3 C	3 D
4 A	4 B	4 C	4 D

Colheita matemática

Número de participantes: 4

Regras do jogo:

Destaque as figuras de frutas da página 13; elas devem ficar expostas sobre a mesa.

Destaque as fichas com as operações da página 15. Espalhe-as sobre a mesa, com as faces voltadas para baixo. Cada participante deve retirar 5 fichas, sem virá-las.

O primeiro jogador mostra uma de suas fichas, calcula mentalmente a operação indicada e pega a fruta com o resultado correspondente. Os próximos jogadores procedem da mesma maneira.

Quando todas as fichas terminarem, contam-se os pontos: cada fruta tem um valor diferente (ver página 15). Vence quem obtiver o maior número de pontos.

Nome:

Ano:

DOBRE. ↷

COLE Ⓐ

COLE Ⓑ

DOBRE. ↶

COLE Ⓐ

COLE Ⓑ

$\frac{1}{2}$ de 22 =	$\frac{1}{2}$ de 36 =	$\frac{1}{3}$ de 18 =	$\frac{1}{3}$ de 15 =
$\frac{1}{2}$ de 40 =	$\frac{1}{2}$ de 80 =	$\frac{1}{4}$ de 28 =	$\frac{1}{4}$ de 16 =
$\frac{1}{5}$ de 45 =	$\frac{1}{5}$ de 60 =	$\frac{1}{6}$ de 78 =	$\frac{1}{6}$ de 12 =
$\frac{1}{7}$ de 147 =	$\frac{1}{7}$ de 98 =	$\frac{1}{8}$ de 120 =	$\frac{1}{8}$ de 240 =
$\frac{1}{9}$ de 72 =	$\frac{1}{9}$ de 27 =	$\frac{1}{10}$ de 100 =	$\frac{1}{10}$ de 160 =

Caderno de jogos

Unidade 1 — Algarismos romanos

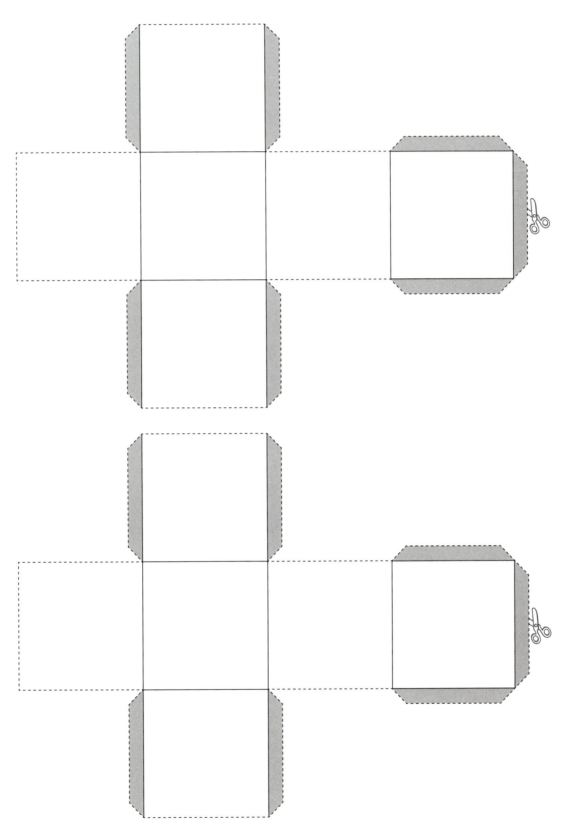

Unidade 2 — Operações com números naturais: dominó de multiplicações e divisões

Número de participantes: 4

Regras do jogo:

Destaque as fichas da página 7 e coloque-as sobre a mesa com as faces viradas para baixo. Embaralhe. Cada participante retira 7 fichas.

No par ou ímpar, decide-se quem vai começar. Este aluno põe na mesa uma de suas peças. O próximo jogador verifica se tem uma ficha com o resultado da operação ou com a operação cujo resultado consta da ficha em jogo. Se tiver, deve colocá-la ao lado primeira ficha, como em um dominó comum.

Se ele não tiver uma ficha com o resultado ou a operação correspondente, passa a vez ao próximo, e assim sucessivamente.

Vence o jogo quem conseguir encaixar todas as fichas.

Nome: _____

Ano: _____

DOBRE.

COLE A

COLE B

DOBRE.

COLE A

COLE B

95	3 × 10 =	30	40 ÷ 10 =
4	600 ÷ 100 =	2000	450 ÷ 10 =
45	51 × 10 =	510	9000 ÷ 1000 =
600	1500 ÷ 100 =	15	91 × 100 =
9100	35 × 10 =	780	30 × 100 =
3000	500 ÷ 100 =	5	10 ÷ 10 =
290	3000 ÷ 1000 =	3	190 ÷ 10 =
61	100 ÷ 10 =	10	40 × 100 =
6	14 × 100 =	1400	20 × 100 =
9	20 ÷ 10 =	2	60 × 10 =
350	70 ÷ 10 =	7	78 × 10 =
1	83 × 10 =	830	29 × 10 =
19	17 × 100 =	1700	6100 ÷ 100 =
4000	800 ÷ 100 =	8	950 ÷ 10 =

Unidade 3 — Frações

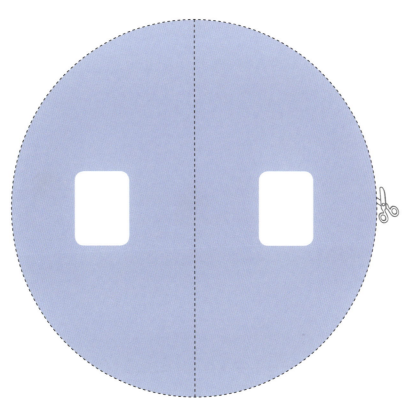

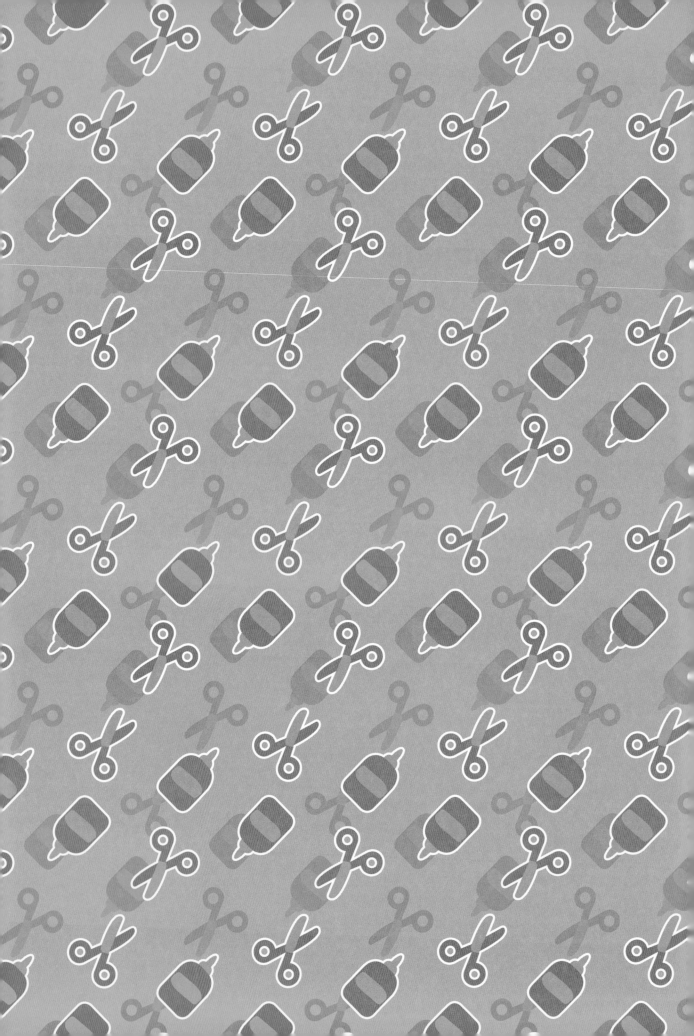

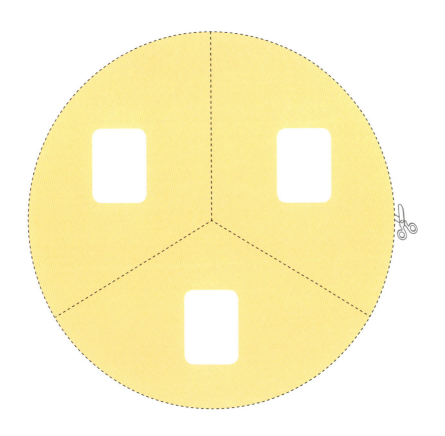
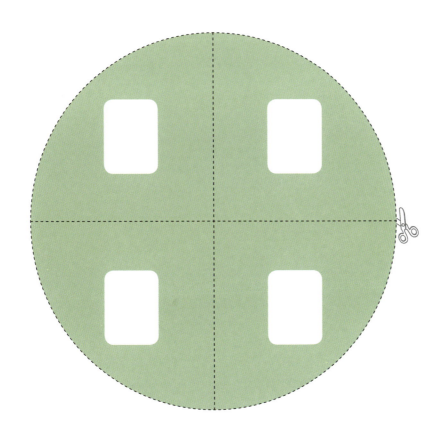

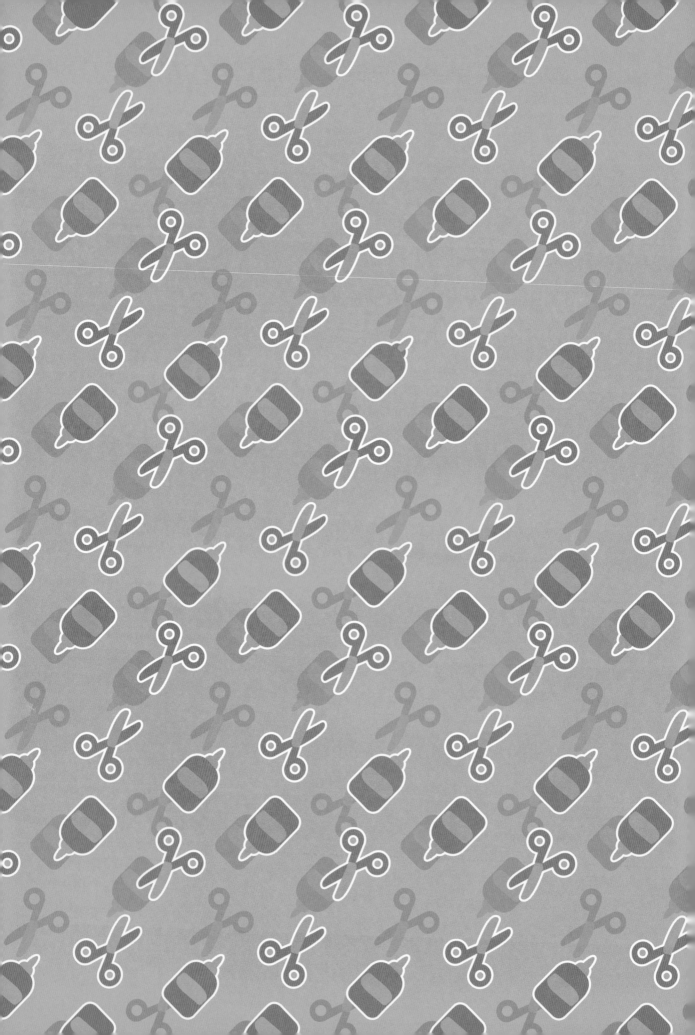

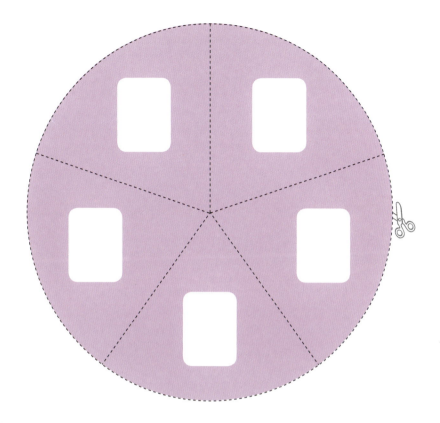
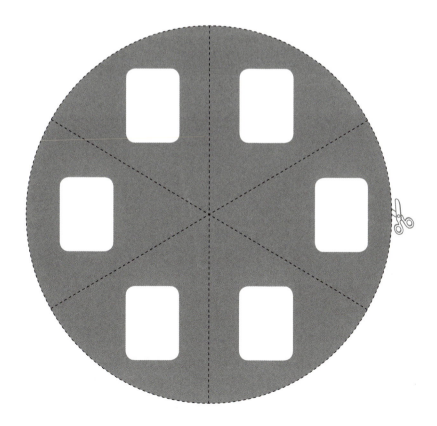

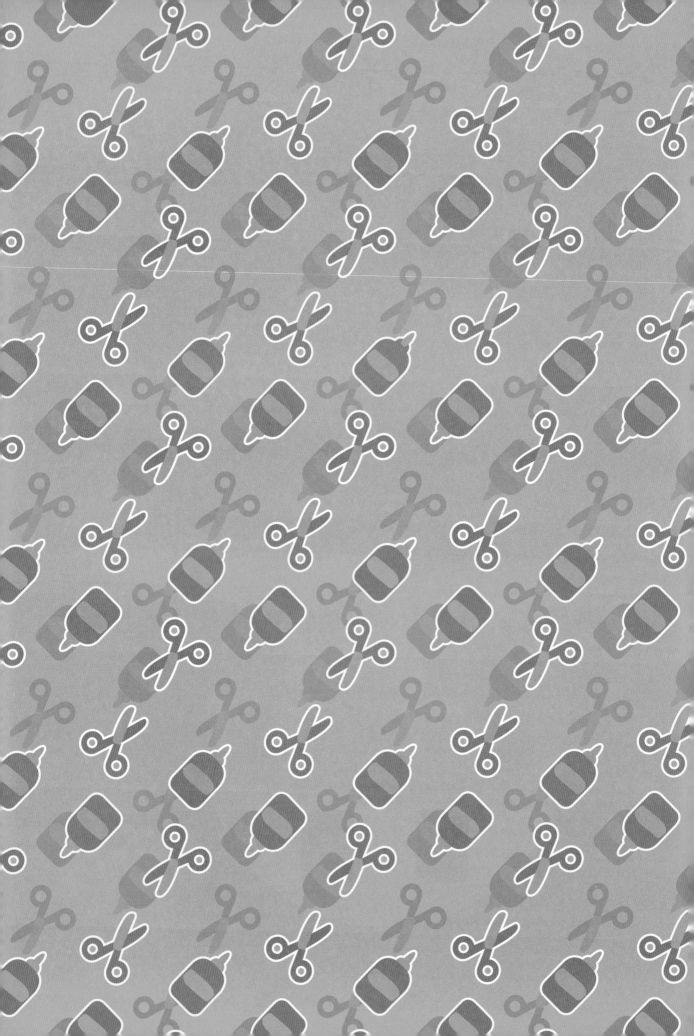

Unidade 4
Números decimais: comparação, eixo numerado e escala

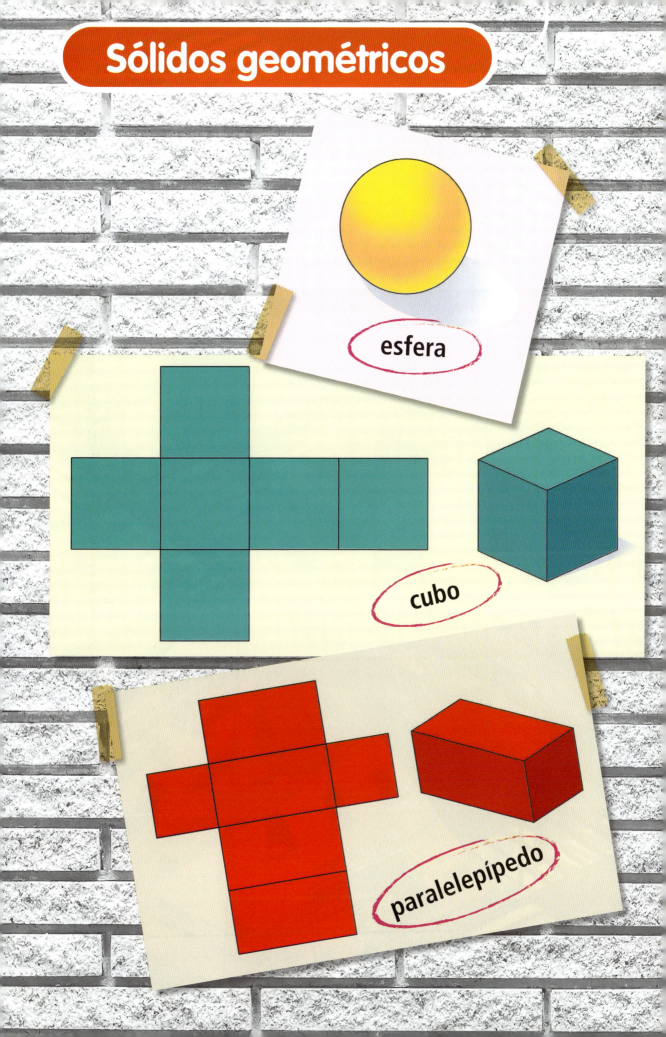